W0385209

JULIA LASSNER
PATRICK ENDRES

GRÜNE *Wohlfühl* OASE

NACHHALTIG GÄRTNERN UND **ENTSCHLEUNIGEN** AUF **BALKON** UND **TERRASSE** MIT **@GLOBUSLIEBE**

EMF

EIN BUCH DER
EDITION MICHAEL FISCHER

Inhalt

Basilikum mittelgroßblättrig
KAPUZINERKRESSE
COSMEA
DUFTWICKE

GÄRTNERN IM HOCHBEET

GEMÜSE

KRÄUTER

ARTENVIELFALT SCHÜTZEN

Vorwort

Sobald die Tage wieder länger werden, kribbelt es uns in den Fingern, und wir können es kaum erwarten, in eine neue Gartensaison zu starten. Voller Vorfreude säen wir winzige Samenkörner in die Erde und sehen mit leuchtenden Augen dabei zu, wie unsere Pflanzenkinder heranwachsen.

Im Frühjahr, sobald die Kleinen nach draußen dürfen, verwandelt sich unsere Dachterrasse in eine grüne Wohlfühloase. Als Kontrast zu unserem stressigen Arbeitsalltag, finden wir hier Entschleunigung. Die Dachterrasse wird zu unserem Outdoor-Wohnzimmer. Wir frühstücken in der Sonne, grillen mit Freunden, und in warmen Sommernächten schlafen wir auf unseren Matratzen draußen unter dem Sternenhimmel.

Unsere Selbstversorgerherzen schlagen vor allem für unsere Nutzpflanzen, die wir in selbst gebauten Hochbeeten, Töpfen und Kübeln anbauen. Über 40 Küchen- und Heilkräuter, Gemüsesorten und Beeren wachsen auf unserer Dachterrasse. Den Sommer über können wir täglich frische, pestizidfreie Tomaten, Gurken und Zucchini ernten, die direkt vom Beet auf dem Teller landen. Geschmacklich kann da selbst das Gemüse aus dem Bioladen nicht mithalten.

Natürlich kann hier nie die Rede von einer einhundertprozentigen Selbstversorgung sein, aber darum geht es uns auch gar nicht. Vielmehr sind wir einfach stolz darauf, dass wir auf kleinem Raum so viele gesunde Lebensmittel ohne Schadstoffe ernten können, dadurch weite Transporte und Verpackungen einsparen und unseren CO_2-Fußabdruck verringern. Das macht uns glücklich.

Im Spätsommer legen wir Vorräte für den Winter an. Wir kochen und wecken Gemüse ein, trocknen Kräuter und verarbeiten sie zu Tee, Gewürzmischungen, Ölen, Badezusätzen, Räucherwerk, Salben und vielem mehr. Wenn Minze, Salbei und Zitronenverbene in Sträußen gebunden unter dem Dach hängen und wir aus einigen Pflanzen die Samen für die nächste Saison gewinnen, schließt sich der magische Kreislauf der Natur. Davon sind wir jedes Mal aufs Neue fasziniert.

Das Thema Nachhaltigkeit liegt uns beim Gärtnern sehr am Herzen. Wir versuchen, so gut es geht, auf Plastik zu verzichten und so wenig Müll wie möglich zu produzieren. Außerdem verwenden wir ausschließlich torffreie Bioerde, gehen verantwortungsvoll mit Ressourcen um, verwenden keine chemischen Spritz- oder Düngemittel und bauen fast alles aus recycelten Materialien selbst. Das schont nicht nur die Umwelt, sondern auch den Geldbeutel.

Wir sind überzeugt davon, dass sich auf jedem noch so kleinen Balkon ein geeignetes Plätzchen findet, um Salat, Kräuter und Gemüse auf nachhaltige Weise anzubauen. Mit diesem Buch möchten wir dich dazu inspirieren, deine eigene grüne Wohlfühloase zu erschaffen, und geben das Wissen weiter, das wir uns durchs Ausprobieren, Experimentieren, Scheitern und Neu-Versuchen angeeignet haben.

Wir wünschen dir viel Freude beim Werkeln, Gärtnern, Ernten und Genießen.

Patrick & Julia

„Wirf einen tiefen Blick auf die Natur, und du wirst alles besser verstehen."

Albert Einstein

Gemütlichkeit SCHAFFEN

Um eine grüne Wohlfühloase zu entwerfen, die gleichzeitig Nutzgarten und gemütliches Outdoor-Wohnzimmer sein soll, ist eine gute Planung erforderlich. In diesem Kapitel zeigen wir dir, wie du am besten vorgehst und was es zu beachten gibt. Zudem möchten wir dir ein paar Gestaltungsideen für deine eigene grüne Wohlfühloase an die Hand geben.

„Warte nicht darauf, dass dir jemand Blumen bringt. Pflanze deinen eigenen Garten und dekoriere deine Seele.“

(Unbekannt)

Planung & AUSRICHTUNG

Bevor du mit der Gestaltung beginnst, solltest du deine Dachterrasse oder deinen Balkon genau ausmessen. Es ist wichtig, dass du einen realistischen Eindruck davon bekommst, wie viel Platz du für Möbel, Beete, Pflanzkübel und Deko zur Verfügung hast. Außerdem gilt es, die Standortgegebenheiten zu erfassen, damit du die richtige Pflanzenauswahl treffen kannst.

Tipp

Behalte im Hinterkopf, dass du auch Laufwege sowie Stauraum für Gartenwerkzeuge, Blumenerde usw. benötigst. Vielleicht möchtest du auch eine Regentonne oder einen Grill aufstellen?

BRINGE **DEINE IDEEN** ZU PAPIER

Erstelle zunächst eine Skizze deines Grundrisses und zeichne alles ein, was du unterbringen möchtest. Bei größeren Projekten kann ein maßstabsgerechter Plan auf Millimeterpapier hilfreich sein.

>> *Unsere gemütliche Sitzecke*

Wie ist deine Dachterrasse oder dein Balkon ausgerichtet? Hast du viel Sonne und bist einigermaßen windgeschützt, so kannst du wunderbar Gemüse und mediterrane Kräuter wie Tomaten, Paprika oder Rosmarin anbauen. Viele Sonnenstunden bieten sogar für Lavendel und Olivenbäumchen ideale Bedingungen. Bei einem halbschattigen bis schattigen Balkon eignen sich eher Minze, Radieschen, Schnittlauch oder Dill.

Möchtest du ein Hochbeet aufstellen? Wo soll es stehen? Überlege dir den Standort genau, denn ist das Hochbeet erst einmal befüllt, kannst du es nicht mehr so einfach bewegen. Informiere dich außerdem bei deinem Vermieter über die Traglast deiner Dachterrasse oder deines Balkons, denn ein fertig bepflanztes Hochbeet kann, je nach Größe, gut 300 Kilo wiegen.

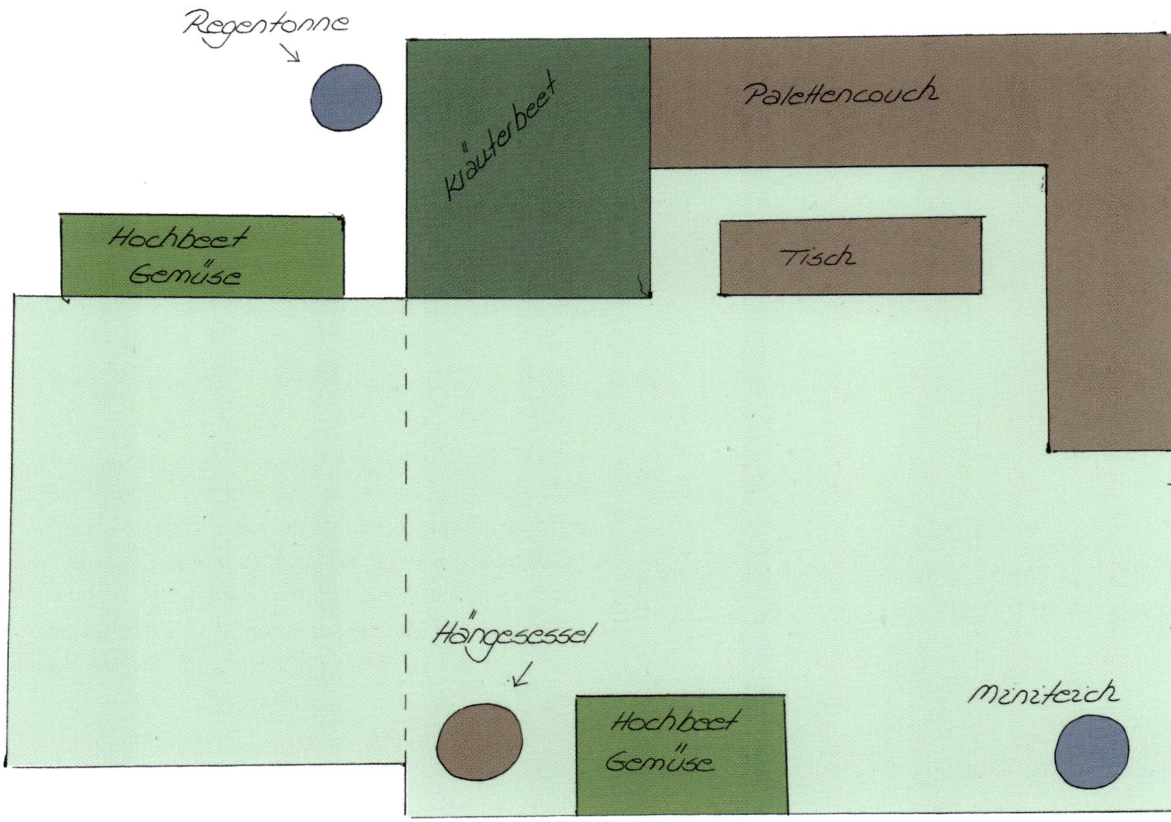

Hinweis

So sah unsere Skizze aus, nach der wir unsere Dachterrasse eingerichtet haben.

TIPPS ZUM **PLATZSPAREN**

Wenn du keinen Platz für ein Hochbeet hast, aber trotzdem Kräuter und Gemüse ziehen möchtest, heißt es, erfinderisch zu sein. Pflanze deine Lieblingssorten in Töpfe oder andere Gefäße und stelle sie so auf, dass jede genügend Licht abbekommt. Dabei kann eine Etagere hilfreich sein, oder du verwendest Kisten, um verschiedene Höhenstaffelungen zu erreichen.

Clever ist es auch, kletternde Arten wie Kiwis, Wein oder Hopfen zu verwenden. Sie kommen mit wenig Bodenraum aus, aber schicken ihre Triebe meterlang in die Höhe. Voraussetzung ist ein entsprechendes Rankgerüst.

Vielleicht ist „Vertical gardening" etwas für deine Terrasse? Als einfachste Form interpretiert, montiert man dazu ein Baustahlgerüst oder ein Holzgitter an eine Wand, an die man dann Töpfe mit Kräutern, Gemüse und Blühendem einhängen kann.

SONNIG, HALBSCHATTIG ODER **SCHATTIG?**

Beobachte einige Tage lang den Sonnenverlauf auf deinem Balkon oder deiner Terrasse: Welcher Bereich bekommt wie lange Sonne ab? Jede Pflanze hat bestimmte Lichtansprüche und gedeiht umso besser, je genauer sie erfüllt werden.

Reserviere den sonnigsten Platz für Gemüse, mediterrane Kräuter und südländische Kübelpflanzen wie Olivenbäumchen.

Von Halbschatten spricht man, wenn der Platz etwa drei bis vier Stunden Sonne am Tag abbekommt. Typische Halbschattenpflanzen schätzen die Morgen- oder Abendsonne, während ihnen die pralle Mittagssonne schnell zu viel wird. Ideal sind für sie Terrassen mit Ost- oder Westausrichtung. An Essbarem gedeihen hier Salate, Blattkohl, Spinat und Mangold.

Halbschattenpflanzen kommen auch mit absonnigen Plätzen klar. So nennt man Bereiche, die zwar hell sind, aber kein direktes Sonnenlicht abbekommen.

Eine echte Herausforderung sind vollschattige Standorte, wie sie Nordbalkone oder eng durch Nachbargebäude verbaute Freiluftsitze bieten. Wenn du hier nicht auf Essbares verzichten möchtest, sind Brunnenkresse, Feldsalat, Zitronenmelisse und Walderdbeeren einen Versuch wert. Ansonsten wählt man Farne oder Schattenstauden wie Funkien und Astilben zur Begrünung.

>> *Ein Hochbeet ist praktisch und dekorativ*

>> *Unsere Dachterrasse im Rohzustand*

BODENBELAG

Welchen Bodenbelag du für deine Terrasse oder deinen Balkon wählst, ist in erster Linie eine Frage des persönlichen Geschmacks. Wir mögen natürliche Materialien wie Naturstein oder Holz am liebsten. Weil Natursteine sehr schwer sind, ist ein Holzbelag für uns die beste und vor allem günstigste Lösung. Holz schafft zudem eine warme, gemütliche Atmosphäre.

HOLZART

Da Tropenhölzer wie Bangkirai oder Teakholz einen hohen ökologischen Fußabdruck haben, solltest du heimische Hölzer wie Lärche, Robinie, Eiche oder Douglasie aus möglichst nachhaltiger Forstwirtschaft wählen. Grundsätzlich ist Douglasie witterungsfest und benötigt keinen Schutz. Streichen ist nicht zwingend notwendig, allerdings vergraut das Holz schnell. Möchtest du die Farbe erhalten, solltest du den Holzboden deshalb regelmäßig mit speziellen Pflegeölen behandeln.

BAU EINER **HOLZTERRASSE**

Damit das Holz nach einem Regenfall gut abtrocknen kann, benötigt deine Dachterrasse oder dein Balkon ein Gefälle von mindestens zwei Prozent. Das Holz darf zudem nicht direkt auf dem Untergrund liegen und erfordert daher eine Unterkonstruktion. Zwischen den einzelnen Dielen sollte ausreichend Platz vorhanden sein, da das Holz weiterhin arbeitet. Zum Bau unserer Dachterrasse haben wir höhenverstellbare Balkenlager verwendet, auf denen die Unterkonstruktion befestigt wurde.

>> Mit Balkenlagern lässt sich ein Gefälle ausgleichen

BALKENLAGER

Unsere Balkenlager sind von der österreichischen Firma *myHarry*. Sie sind besonders einfach in der Handhabung und können ganz ohne Spezialwerkzeug stufenlos verstellt und angepasst werden. Ist dein Untergrund, wie in unserem Fall, nicht ganz eben, so kannst du mit den selbstnivellierenden Aufsätzen Unebenheiten bis zu 5% ausgleichen. Die Produkte sind zudem extrem belastbar, witterungsbeständig und werden aus recycelten Materialien in Europa produziert. Auf der Homepage findest du außerdem wertvolle Tipps, wie zum Beispiel Verlegeanleitungen, einen Rechner für die genaue Anzahl der benötigten Balkenlager und einen super Telefonsupport für eventuell auftretende Fragen.

HOLZPFLEGE

Wie groß der Pflegeaufwand deines Holzbodens ist, hängt zum einen von den Witterrungsbedingungen ab (ein Teil unserer Dachterrasse ist zum Beispiel überdacht und wird auch bei Regen nicht nass) und zum anderen, ob du die ursprüngliche Holzfarbe länger erhalten oder das Holz natürlich vergrauen lassen möchtest. Um den Holzboden vor Vergrauung zu schützen und die Wasseraufnahme zu verringern (Abperleffekt), kannst du Douglasiendielen mit speziell für Douglasienholz abgestimmten Ölen behandeln. Sie sind besser geeignet als Universalöle. Da ein Teil unserer Terrasse nicht nass wird, schrubben wir das Holz einmal im Jahr mit einer Bürste und Wasser und behandeln es sonst gar nicht.

HOLZFLIESEN

Hast du einen kleinen Balkon, sind Holzfliesen mit Klicksystem vielleicht eine Alternative zu Holzdielen. Sie lassen sich auf nahezu jedem ebenmäßigen Untergrund leicht verlegen. Ein weiterer Vorteil: Wohnst du in einer Mietwohnung, lassen sie sich beim Auszug schnell und unkompliziert entfernen und mitnehmen.

>> Im Frühjahr reinigen wir unsere Holzdielen mit einer Bürste

Tipp

Wenn du auf blankem Boden schnell und unkompliziert für Gemütlichkeit und Fußwärme sorgen möchtest, sind Teppiche aus witterungsbeständigem Material eine hübsche Alternative..

Stil- & FARBKONZEPT

Bevor es an die Auswahl der Pflanzen, Möbel und Dekoration geht, solltest du dein individuelles Stil- und Farbkonzept festlegen.

MOODBOARD ZUR INSPIRATION

Erstelle ein Moodboard – entweder ganz klassisch, indem du Bilder aus Zeitschriften ausschneidest und auf einem Bogen Pappe zu einer Collage aufklebst oder indem du ein Pinterest Board anlegst. Speichere dir Bilder ab, die dich spontan ansprechen. So findest du heraus, in welche Gestaltungsrichtung du gehen möchtest und welcher Stil am besten zu deinem persönlichen Geschmack passt. Magst du es bunt und auffällig oder eher schlicht und minimalistisch? Eher schick und modern oder gerne im Retrolook? Welche Farben, Muster und Materialien gefallen dir?

Tipp

Folge zur Inspiration gerne unserem Pinterest Board „Globusliebe Dachterrasse".

BEISPIELE FÜR STILRICHTUNGEN

BOHEMIAN	Rattanmöbel, bunte Ethnoteppiche, Traumfänger und Makramee-Deko
SKANDINAVISCH-MINIMALISTISCH	klare Formen und dezente Deko
ORIENTALISCH	bunte Sitzkissen, Windspiele und marokkanische Laternen
MEDITERRAN	Terrakotta, Steinelemente, viele Kräuter und warme Farben
VINTAGE	allerhand Secondhand-Schätze vom Trödelmarkt
ART NOUVEAU (FRANZÖSISCHER JUGENDSTIL)	verschnörkelte Eisenmöbel und filigrane Elemente

FARBEN KOMBINIEREN

Farben drücken Stimmungen aus und wollen gezielt eingesetzt werden. Mache dir zunächst ein Bild davon, welche Farben bereits auf deiner Terrasse oder deinem Balkon vorhanden sind, zum Beispiel durch den Bodenbelag, die Hauswände, das Balkongeländer oder die Überdachung. Sie bilden den farblichen Rahmen.

Nun geht es darum, welche Farben miteinander harmonieren und welche Möbel und Accessoires die passenden Akzente setzen.

Warme Erdtöne wie Rostrot, Braun, Orange, Beige oder Ocker schaffen eine gemütliche und wohlig kuschelige Atmosphäre. Kalte Farben wie Türkis, Grün und Blau wirken hingegen eher klar und erfrischend.

Vermeide die Kombination zu vieler unterschiedlicher Farben, Materialien und Muster, denn das erzeugt einen unruhigen Gesamteindruck.

ATMOSPHÄRE SCHAFFEN MIT DEKOELEMENTEN

Windlichter, Lampions, eine schöne Gießkanne aus Zink, Übertöpfe, Kissen und Decken, Makramee-Hängeampeln oder Traumfänger füllen deinen Außenbereich mit Leben und sorgen für Wohnlichkeit. Behalte dein Stil- und Farbkonzept bei der Auswahl der Deko im Hinterkopf und stimme Accessoires so ab, dass am Ende ein harmonisches Gesamtbild entsteht.

*>> **Bild oben:** Warme Farben sorgen für Gemütlichkeit*
*>> **Bild rechts oben:** Stimmige Deko rundet das Bild ab*
*>> **Bild rechts:** Mit Hängeampeln dekorieren*

UNSERE **DACHTERRASSE**

Auf unserer Dachterrasse dominieren natürliche, warme Farben in Kombination mit dem üppigen Grün der vielen Pflanzen. Durch die Douglasiendielen, die Dachkonstruktion und die Hochbeete haben wir sehr viele Holzelemente. Auch unsere schlichten Möbel sind aus Holz gefertigt. Terrakotta-Töpfe und Zinkgefäße sorgen für einen mediterranen Touch. Dazu setzen wir Farbakzente mit Kissen und Decken in ebenfalls warmen Farbtönen. Makramee-Blumenampeln, Traumfänger und Lichterketten runden das Bild ab und schaffen eine behagliche Wohlfühl-Atmoshäre.

>> Laue Sommernächte verbringen wir gerne unter freiem Himmel

Stimmungsvolle BELEUCHTUNG

Damit du auch nach Sonnenuntergang schöne Stunden auf deiner Terrasse oder deinem Balkon verbringen kannst, benötigst du Licht. Ähnlich wie im Wohnraum solltest du neben einer Grundbeleuchtung auf verschiedene Lichtakzente setzen.

TECHNIK

Verfügt dein Balkon über eine Außensteckdose, steht deiner Beleuchtungsplanung nichts mehr im Wege. Verwende ausschließlich Kabel und Leuchten, die für den Außenbereich geeignet und mit entsprechenden Schutzvorkehrungen ausgestattet sind. Bei überdachten Außenräumen kannst du sogar eine Deckenleuchte anbringen. Achte darauf, stromsparende LED-Leuchtmittel zu verwenden, und verlege die Kabel so, dass sie nicht zu Stolperfallen werden. Mehrere kleine Lichtquellen sorgen im Handumdrehen für mehr Gemütlichkeit. So kannst du dimmbare Stehlampen, Lampions oder Lichterketten aufhängen oder sie um das Geländer deiner Terrasse oder deines Balkons wickeln.

*>> **Bild links:** Die umlaufende Lichterkette erhellt unseren Sitzbereich*
*>> **Bild oben:** Auch der Traumfänger wird ins rechte Licht gerückt*

LICHTFARBE

Als Lichtfarbe wählst du am besten ein warmes Weiß. Das wirkt behaglicher als kühles Licht. Außerdem zieht es Nachtfalter und andere Insekten weniger stark an.

>> *Warmweißes Licht sorgt für eine gemütliche Atmosphäre*

SOLARLICHT

Falls du keine Stromversorgung auf deiner Terrasse oder deinem Balkon hast, greife zu Solarleuchten. Mithilfe des Sonnenlichts laden sie sich tagsüber auf und geben die gespeicherte Energie an das Leuchtmittel ab. Allerdings funktionieren sie bei reinen Schattenstandorten nicht effizient genug. Solarleuchten gibt es zum Aufstellen, mit Erdspieß für Töpfe, als Wandleuchten oder Lichterkette.

AUFLADBARE LED-LEUCHTEN

Sie besitzen einen Akku, der über ein USB-Kabel aufgeladen werden kann. Ihr Vorteil: Sie sind mobil, und du kannst sie immer dort aufstellen, wo du sie gerade brauchst.

ROMANTIK PUR

Zusätzlich kannst du Windlichter, Kerzen in großen Einmachgläsern oder viele kleine Teelichter aufstellen. Je geräumiger das Glas ist, umso besser verhindert es, dass die Flamme vom Luftzug ausgepustet wird. Wenn dein Freiluftzimmer groß genug und es bei dir im Haus erlaubt ist, kannst du auch einen Grill aufstellen, der an kühlen Abenden wärmt.

LICHTTÜTEN

Eine schöne und vor allem kinderleichte DIY-Idee für eine stimmungsvolle Tischdekoration sind Windlichter aus Papiertüten. Einfach ein Teelicht im Glas in eine Papiertüte stellen und fertig. Wer mag, kann die Tüten zusätzlich verzieren, zum Beispiel indem man Sterne ausschneidet. Achte darauf, dass die Flamme keinen Kontakt zum Papier hat, damit es kein Feuer fangen kann.

>> *Aus Papiertüten werden im Handumdrehen Windlichter*

Tipp

Eine nachhaltige Alternative zu konventionellen Teelichtern in Aluminiumhüllen sind Ökoteelichter. Sie werden aus 100 Prozent Biomasse aus nachwachsenden Rohstoffen in Deutschland hergestellt und enthalten kein Palmöl. Du kannst sie als Rohlinge (ohne Wegwerfhülsen aus Aluminium) kaufen und stattdessen in wiederverwendbare Teelichtgläser setzen.

SICHTSCHUTZ

Zur Verschönerung deines Balkongeländers und/oder als Sichtschutz gibt es unzählige Möglichkeiten, die sich in Preis, Aussehen, Anwendung und Umweltfreundlichkeit unterscheiden.

Hinweis

Bevor du einen Sichtschutz – egal in welcher Form – anbringst, solltest du dich informieren, ob es möglicherweise Gebäudevorgaben bezüglich der Gestaltung gibt, die du einhalten musst.

MATERIAL

Einen Sichtschutz aus natürlichen Materialien wie Schilfrohr, Bambus oder Rindenholz würden wir Kunststoffverkleidungen immer vorziehen. Hier steht für uns neben dem Nachhaltigkeitsaspekt auch die schöne natürliche Optik im Vordergrund. Der einzige Nachteil ist, dass Naturmaterialien meist nicht so witterungsbeständig sind und nach einigen Jahren erneuert werden müssen. Uns persönlich gefällt aber ihre besondere Patina.

UNSER GRÜNER **SICHTSCHUTZ**

Wir haben uns für eine Mischung aus rankender Kapuzinerkresse, Schlingknöterich und Passionsblume entschieden. Vor allem der mehrjährige Schlingknöterich wächst unglaublich schnell und begrünt die Terrasse im Nu. Seine wunderschönen weißen Blüten, die ihn von Juni bis Oktober schmücken, gelten als Bienenweide.

Unsere gewählten Kletterpflanzen sind Schlinger, die sich um die gespannten Schnüre selbst ihren Weg nach oben bahnen. Zusätzlich binden wir sie fest, wenn wir ihnen eine Wuchsrichtung vorgeben wollen. Kapuzinerkresse und Passionsblume sind nicht frosthart.

Vor dem Terrassengeländer stehen zusätzlich hohe Gräser in großen Kübeln. Die sind auch im Herbst noch schön anzuschauen und bieten einen natürlichen Sichtschutz.

>> **Bild rechts:** *Im Sommer öffnet die Passionsblume ihre faszinierenden Blüten*
>> **Bild links:** *Schlingknöterich ist eine extrem schnell wachsende Kletterpflanze*

MEDITERRANES FLAIR DURCH *Terrakotta*

Terrakotta ist ein natürliches Produkt aus Ton mit einer jahrtausendealten Tradition, die bis in die Antike zurückreicht. Blumentöpfe und Pflanzkübel aus Terrakotta sind typischerweise unglasiert. Durch seine natürliche, warme, orange-braune Farbe verleiht dieses Material deinem Balkon oder deiner Terrasse eine natürliche, mediterrane Atmosphäre.

TÖPFE AUS TON UND TERRAKOTTA

Wir verwenden am liebsten einfache Tontöpfe, die es in den unterschiedlichsten Größen gibt. Früher war der Begriff Terrakotta vor allem italienischer Ware vorbehalten, inzwischen verwischen die Unterschiede.

Da die Töpfe unglasiert bleiben, behalten sie ihre Porosität. Diese Wasser- und Luftdurchlässigkeit schafft ein gutes Klima für das Wurzelwachstum. Andererseits bringt diese Eigenschaft eine Frostanfälligkeit mit sich: Im Winter kann das aufgenommene Wasser frieren und der Topf zerspringen. Solltest du mehrjährige Pflanzen auf deiner Terrasse überwintern, lohnt sich die Wahl hochgebrannter, garantiert frostsicherer Ware. Bekannt dafür sind die Pflanzgefäße aus Impruneta. Eine Alternative ist es, einfache Töpfe im Winter auf Füßchen zu stellen, damit sie nicht am Boden festfrieren, und sie mit mehreren Lagen Jute einzupacken.

Handelsübliche Tontöpfe besitzen ein Wasserabzugsloch am Boden. Um unsere Holzdielen zu schützen, stellen wir die Töpfe immer auf die passenden Untersetzer.

Zugegeben, so richtig wildromantisch sehen Terrakotta-Töpfe ja erst aus, wenn sich außen eine grauweiße Patina gebildet hat. Hierbei handelt es sich um Kalkablagerungen. Sie entstehen durch den im Gießwasser enthaltenen Kalk, der sich beim Verdunsten des Wassers an der Außenwand absetzt.

PFLEGE

Bevor du in eine neue Gartensaison startest, Pflanzen umtopfst oder neu pflanzt, solltest du nicht nur alte Erde und Wurzelreste aus deinen Terrakotta-Töpfen entfernen, sondern die Gefäße auch gründlich reinigen, um der Übertragung von Pflanzenkrankheiten und Fäulniserregern vorzubeugen. Terrakotta-Töpfe lassen sich ganz einfach reinigen, indem du sie zuerst einige Stunden in Wasser mit etwas Essigessenz einweichen lässt und anschließend mit einer Bürste abschrubbst. Alternativ kannst du statt der Essigessenz auch Natron oder Zitronensäure verwenden.

Hinweis

Der Begriff Terrakotta kommt aus dem Italienischen und bedeutet „gebrannte Erde".

*>> **Bild links oben:** Töpfe vor der Reinigung*
*>> **Bild rechts oben:** Reinigung mit Essigessenz und Wasser*
*>> **Bild links:** Saubere Töpfe, bereit zum Bepflanzen*

DIY UPCYCLING
Traumfänger

Kennst du noch die kleinen, runden Spitzendeckchen, die früher bei Omis den Wohnzimmertisch zierten? Es wäre doch viel zu schade, sie wegzuwerfen. Stattdessen kannst du ihnen ein neues Leben schenken und einen Traumfänger daraus basteln.

DAS BRAUCHST DU

- Spitzendeckchen
- Bastelring
- Wolle
- Schere

OPTIONAL

- Federn, Perlen, Muscheln oder sonstige Deko

so geht's

SCHRITT 1
Je nach Größe des Bastelrings etwa 30–50 gleich lange Wollfäden abschneiden und diese mit einer einfachen Schlaufe dicht an dicht am Ring festknoten.

SCHRITT 2
Spitzendeckchen mit Wollfäden am Ring befestigen. Achte darauf, dass das Deckchen dabei fest gespannt wird.

SCHRITT 3
Nach Belieben kannst du Federn als zusätzlichen Schmuck ins Deckchen verweben oder Perlen und Muscheln mit dünnen Wollfäden anbringen.

SCHRITT 4
Verwende einen dickeren oder mehrfach gelegten Wollfaden zur Aufhängung deines Traumfängers an Wand oder Decke.

*>> **Bild unten:** Wollfäden werden mit einer einfachen Schlaufe befestigt*

ENTSCHLEUNIGUNG

Sobald du dein Zuhause in eine grüne Wohlfühloase verwandelt hast, wirst du jede freie Minute hier verbringen wollen – ob zum Gärtnern, um Sonne zu tanken oder um einfach mal abzuschalten.

MORGENRITUAL

Für uns ist es mittlerweile zu einem festen Ritual geworden, einen neuen Tag auf unserer Dachterrasse zu beginnen. Häufig sehen wir der Sonne zu, wie sie hinter den Hügeln der Eifel langsam aufgeht und ihre ersten warmen Strahlen zwischen den Nachbarhäusern hindurch zu uns schickt. Der Himmel färbt sich in der Früh oft orange, pink und lila. Wir lieben es, dieses Farbenspiel der Natur zu beobachten, dabei eine Tasse Kaffee zu trinken und die morgendliche Stille zu genießen.

ZEIT ABZUSCHALTEN

Bevor es an die Arbeit geht, nutzt Julia die Dachterrasse auch gerne mal ganz für sich alleine, zum Beispiel zum Räuchern und Meditieren, für Yogaübungen, um ein paar Seiten zu lesen oder um einfach nur im Hängesessel zu sitzen, das Gesicht in die Sonne zu halten und den Gedanken nachzuhängen.

>> ***Bild links:*** *Auf dem kleinen Beistelltischchen hat Julia Buch und Tasse schnell griffbereit*
>> ***Bild oben:*** *Frischer Kaffee unter freiem Himmel weckt die Lebensgeister*

Tipp

Nimm dir morgens ein paar Minuten Zeit für dich. Mache es dir auf deiner Terrasse oder dem Balkon gemütlich, schließe die Augen und atme tief ein und aus. Spüre, wie dein Körper zur Ruhe kommt.

ACHTSAM GÄRTNERN

Die Beschäftigung mit unseren Pflanzen verschafft uns jeden Tag kurze Auszeiten im Alltagsstress. Ganz bewusst nehmen wir wahr, wie sich ein junger Sprössling aus der Erde schiebt, streichen sanft über die Blätter des Rosmarins und atmen tief seinen würzigen Duft ein. Beim abendlichen Gießen beobachten wir, wie die letzten Sonnenstrahlen die Wassertropfen zum Funkeln bringen, und wenn wir eine Tomate vom Strauch pflücken, hören wir dem leisen „Plopp“ nach.

Wer Pflanzen hegt und pflegt, übernimmt Verantwortung für etwas Lebendiges. Wir müssen uns täglich Zeit nehmen und uns um sie kümmern, sonst gedeihen sie nicht. Unsere Pflanzen erden uns und entschleunigen unseren Alltag.

UNTER DEM STERNENHIMMEL

In den Sommermonaten schlafen wir so oft wie möglich draußen. Wir räumen dazu unsere Matratze auf die Dachterrasse und bauen uns mit Decken und Kissen ein gemütliches Bett unter dem Sternenhimmel. Im August, während der Perseiden, zählen wir Sternschnuppen und schicken unsere Wünsche und Träume ins Universum. Am Morgen, wenn uns die ersten Sonnenstrahlen wachkitzeln, geht einer von uns runter in die Küche, um Kaffee zuzubereiten, den wir dann im Bett trinken.

*>> **Bild rechts:** Draußen zu schlafen ist immer etwas Besonderes*
*>> **Bild links:** Pflege und Ernte unserer Pflanzen bringen Ruhe in unseren Alltag*

Anzucht

Wir sind überzeugt davon, dass alles, was wir selbst mit Herzblut und den eigenen Händen erschaffen, eine viel größere Bedeutung für uns hat, als alles, was wir einfach kaufen und immer wieder ersetzen können. Wir ziehen die meisten unserer Pflanzen deshalb selbst. Jedes Jahr aufs Neue sind wir davon fasziniert, wenn aus einem winzigen Samenkorn, das wir in die Erde stecken, eine prächtige Pflanze heranwächst und uns den ganzen Sommer lang mit gesunden Früchten versorgt. Es gleicht einem Wunder.

„Jedes Samenkorn schließt in sich eine Sehnsucht ein.“

(Khalil Gibran)

SAATGUT

Mache dir zunächst Gedanken, welche Pflanzen du anbauen möchtest, welches Obst oder Gemüse du gerne isst, welche Kräuter du gerne zum Kochen verwendest und wie viel Platz du zur Verfügung hast.

SORTENAUSWAHL

Auf einem kleinen Balkon solltest du dich eher für kompakt wachsende Sorten entscheiden und deshalb spezielle Samen für Balkongemüse kaufen. Hinweise zur Wuchsform und ob sich die Sorte für die Topfkultur eignet, findest du auf den Saatgutpackungen.

Ein gutes Beispiel sind Tomaten. Neben den hochwüchsigen Freilandtomaten gibt es auch klein bleibende Busch- oder Cherrytomaten, die sogar in schmalen Balkonkästen gedeihen.

BIO-QUALITÄT

Kaufe ausschließlich Saatgut in Bio-Qualität. Nur so kannst du dir sicher sein, dass die Pflanzen, aus denen das Saatgut gewonnen wurde, unter ökologischen Vorschriften und ohne Einsatz von chemisch-synthetischen Pflanzenschutzmitteln angebaut wurden. Bio-Saatgut ist meist widerstandsfähiger und besser gegen Schädlinge geschützt als Saatgut aus konventionellem Anbau, weil die Pflanzen ihre Abwehrkräfte auf natürliche Weise entwickelt und sich an die Umwelt angepasst haben.

>> Achte beim Samenkauf auf Bio-Qualität

SAMENFESTES SAATGUT

Samenfeste Sorten sichern die Artenvielfalt auf unserem Planeten, denn samenfest bedeutet, dass du dieses Saatgut selbst vermehren kannst und die Nachkommen genau dieselben Eigenschaften aufweisen. Im Gegensatz dazu sind die besonders ertragreichen F1-Hybriden durch Kreuzung zweier Arten oder Sorten entstanden. In der nächsten Generation spalten sich ihre Merkmale nach der Mendelschen Vererbungslehre wieder auf, und es entstehen Nachkommen mit völlig unterschiedlichen Eigenschaften.

Für die großen Saatgutkonzerne bringen F1-Hybriden natürlich den Vorteil, dass Hobbygärtner und Landwirte jedes Jahr neues Saatgut kaufen müssen.

ALTE SORTEN

In der Lebensmittelindustrie muss Gemüse heutzutage schnell wachsen und makellos aussehen. Aus diesem Grund sind viele alte Kultursorten mittlerweile vom Aussterben bedroht oder sogar schon verschwunden. Durch das Anpflanzen alter Sorten kannst du einen wichtigen Beitrag zur Erhaltung der Artenvielfalt leisten. Außerdem macht es unheimlich viel Spaß, mit alten Sorten zu experimentieren.

EIGENES SAATGUT

Indem du deine Pflanzen nicht komplett aberntest, sondern Früchte als Saatquelle stehen lässt, kannst du dein eigenes Saatgut gewinnen und im nächsten Jahr wieder neu aussäen. Besonders leicht lassen sich die Samen von Ringelblumen, Sonnenblumen, Salbei oder Kapuzinerkresse gewinnen.

Lass die Samen trocknen, fülle sie anschließend in dunkle Schraubgläser oder Papiertütchen ab und bewahre sie an einem dunklen, trockenen Ort auf. Vergiss nicht, dein Saatgut zu beschriften.

>> Im Spätsommer und Herbst legen wir Samenvorräte für die nächste Saison an

ANZUCHTERDE

Für die Anzucht benötigst du spezielle Aussaaterde. Diese ist keimfrei, feinporig und vor allem enthält sie weniger Nährstoffe als normale Blumenerde. Sie regt die zarten Pflänzchen an, aktiv nach Nährstoffen zu suchen und kräftige Wurzeln auszubilden. Das ist wichtig, damit sie später im Beet möglichst stabil und unabhängig sind und auch in tieferen Erdschichten Nährstoffe und Wasser finden.

TORFFREI

Achte beim Kauf darauf, dass du ausschließlich torffreie Bio-Anzuchterde kaufst. Beim Abbau von Torf werden nämlich Moore zerstört, deren Entstehung mehrere Jahrtausende gedauert hat. Moore sind ein wichtiger Lebensraum für Tiere und Pflanzen. Außerdem binden sie laut Umweltbundesamt etwa 700 Tonnen CO_2 pro Hektar. Das ist sechsmal so viel, wie ein Wald bindet. Beim Torfabbau wird dieses gebundene CO_2 wieder freigesetzt und gelangt erneut in unsere Atmosphäre.

Torfabbau ist eine Katastrophe für unser Klima und für den Lebensraum Moor. Das solltest du mit deinem kleinen Balkon- oder Terrassengarten nicht unterstützen!

>> Normale Blumenerde enthält viele grobe Bestandteile, die den Samen das Keimen erschwert

ANZUCHTERDE
selbst herstellen

Anstatt fertige Anzuchterde im Handel zu kaufen, kannst du sie auch ganz einfach selbst herstellen.

DAS BRAUCHST DU

- ⅓ Gartenerde
- ⅓ Sand
- ⅓ Kompost

so geht's

Vermische die drei Komponenten gut miteinander und siebe sie anschließend durch, um grobe Bestandteile zu entfernen. Dann breitest du die Erde auf einem Backblech aus und erhitzt sie bei 180 °C mindestens 30 Minuten lang im Backofen. Dadurch werden Schädlinge, Unkrautsamen und Pilze abgetötet. Die so sterilisierte Erde lässt du vor der Verwendung am besten noch einen Tag ruhen.

>> Anzuchterde lässt sich ganz leicht selbst herstellen

Nachhaltige ANZUCHTGEFÄSSE

Da wir möglichst umweltschonend gärtnern, haben wir es uns auch bei der Anzucht zur Challenge gemacht, kein Plastik zu verwenden. Anstatt neu zu kaufen, verwenden wir einfach Gegenstände aus dem Haushalt. Manches mehr, anderes weniger erfolgreich. Hier möchten wir dir einige Methoden vorstellen, die für uns gut funktionieren.

ANZUCHT IN **EIERKARTONS**

Die Anzucht in Eierkartons ist wohl die einfachste Methode, denn hierfür musst du nicht mal basteln, sondern einfach nur den Deckel des Kartons abschneiden, den Karton mit Anzuchterde befüllen und aussäen. Da Eierkartons später in der Erde verrotten, kannst du sie sogar einfach mit ins Beet pflanzen.

Allerdings eignen sich Eierkartons wegen ihrer geringen Tiefe nicht für tiefwurzelnde Pflanzen wie Tomaten.

Tipp

Wir haben die Erfahrung gemacht, dass sich in Anzuchttöpfen aus Pappe und Papier leicht Schimmel bildet, wenn die Feuchtigkeit darin zu hoch ist. Um das zu vermeiden, besprühen wir die Eierkartons und Klopapierrollen vor der Aussaat ganz leicht mit Essig. Sorge außerdem für eine gute Belüftung und übergieße die Keimlinge nicht.

>> *Jeder Sämling hat sein eigenes Eierfach*

TONTOPF MIT GLAS

Eine Methode, die für uns wunderbar funktioniert, ist die Aussaat in kleinen Tontöpfen. Um einen Gewächshaus-effekt zu erzeugen, stülpen wir einfach ein Glas über die Aussaat. Regelmäßiges Lüften ist hierbei wichtig.

>> ***Bild links oben:*** *Durch das Glas entsteht ein Gewächshauseffekt*
>> ***Bild links:*** *Nach kurzer Zeit sprießen die ersten Pflanzenkinder*
>> ***Bild rechts oben:*** *Tomaten im Tontopf*

ANZUCHTTÖPFE AUS *Klopapierrollen*

Dieses Material fällt wirklich in jedem Haushalt an. Wir fangen schon im Winter an, die leeren Toilettenpapierrollen in einem schönen Korb zu sammeln.

DAS BRAUCHST DU

- Klopapierrollen
- spitze Schere
- Anzuchterde

Tipp

Stelle die Klopapierrollen-Anzuchttöpfe auf ein altes Tablett oder ein ausrangiertes Backblech. So musst du beim Gießen keine Sorge haben, dass der Untergrund Schaden nimmt.

so geht's

SCHRITT 1
Drücke die Rolle an einem der beiden Enden leicht mit den Fingern zusammen, sodass insgesamt vier Knickfalten entstehen.

SCHRITT 2
Schneide an allen vier Knickfalten einen etwa ein Zentimeter großen Schlitz hinein, sodass vier gleich große Laschen entstehen.

SCHRITT 3
Falte die Laschen wie bei einem Umzugskarton zusammen. Schiebe eine Ecke der letzten Lasche unter die erste Lasche, sodass ein stabiler Boden entsteht.

SCHRITT 4
Stelle die Rolle aufrecht auf und fülle sie mit Anzuchterde.

2

3

4

AUSSAAT

Sobald du deine Anzuchtschalen, das Saatgut und torffreie Aussaaterde parat hast, kannst du mit der Aussaat beginnen. Lies dir dazu die Informationen auf der Rückseite der Samentütchen aufmerksam durch, denn es ist wichtig zu beachten, wann und wie ausgesät wird.

VON **LICHT-** UND **DUNKEL-KEIMERN**

Die Samen von **Lichtkeimern** sind meist kleiner und brauchen neben geeigneter Feuchte und Temperatur Licht, damit sie zum Keimen angeregt werden. Aus diesem Grund werden Lichtkeimer nach dem Aussäen nur leicht angedrückt und nicht mit Erde bedeckt. Dazu zählen zum Beispiel Tomate, Basilikum, Dill, Salbei, Gartenkresse oder Kopfsalat.

Dunkelkeimer müssen mit Erde abgedeckt werden, da Licht ihre Keimung hemmt. Die Samen sind in der Regel größer und dicker und stark genug, um beim Keimen die Erdschicht zu durchbrechen. Dazu zählen zum Beispiel Gurke, Kürbis, Zucchini, Schnittlauch oder Feldsalat.

>> **Bild oben:** *Auch Radieschen sind Dunkelkeimer*
>> **Bild links:** *Samen kommen in die Erde*

DER RICHTIGE **ZEITPUNKT**

Uns geht es wie vielen Gartenenthusiasten: Bereits im Januar können wir es kaum erwarten, unsere Hände wieder in die Erde zu stecken, und wollen am liebsten mit der Anzucht unserer Pflanzenschätze beginnen. Schon jetzt kannst du insbesondere wärmeliebende Pflanzen, wie Paprika, Tomaten und Co. vorziehen. Warte aber auf jeden Fall bis Ende Januar, sonst sind deine vorgezogenen Pflänzchen bereits zu weit, bevor sie nach draußen ins Sonnenlicht umziehen dürfen.

ANZUCHTSCHALE ODER **EINZELTOPF?**

Anstelle der üblichen Kunststoffschalen kannst du auch eine alte Auflaufform als Saatschale verwenden. Diese größere Fläche eignet sich für die Aussaat feinerer Samen, außerdem kann man mehrere Arten – natürlich in Streifen voneinander getrennt – in einer Schale aussäen. Auch in unsere Einzeltöpfe säen wir von kleineren Samen mehrere aus, denn es kann immer sein, dass der ein oder andere Samen nicht aufgeht.

SO WIRD AUSGESÄT

Feuchte die Erde zunächst gut an und säe die Samen anschließend im empfohlenen Abstand (siehe Angaben auf dem Samentütchen) aus, damit sie nicht zu dicht wachsen und du sie später leichter pikieren kannst (mehr dazu auf Seite 40). Dann drückst du die Samen leicht mit einem Brettchen oder den Fingern fest, damit sie Erdkontakt bekommen. Dunkelkeimer übersiebt man anschließend mit Erde. Diese Schicht sollte nicht höher als das Zweifache der Samengröße sein. Zum Schluss wird vorsichtig angegossen, damit die feinen Samen nicht weggeschwemmt werden. Es gibt dazu spezielle Ballbrausen, aber es genügt auch ein einfacher Wasserzerstäuber.

BESCHRIFTUNG

Ganz wichtig: Beschrifte deine Aussaat, damit du später weißt, welche Pflänzchen wo keimen. Dazu kannst du zum Beispiel alte Eisstiele aus Holz verwenden oder Stöcke schräg anschneiden und die Schnittfläche beschriften. Verwende zum Beschriften der Holzstäbchen am besten einen Bleistift, denn er verwischt beim Kontakt mit Wasser nicht.

AUSSAATEN **ABDECKEN**

Wärme und eine hohe Luftfeuchtigkeit beschleunigen die Keimung. Wir stülpen deshalb gerne ein Glas über den Topf. Bei Aussaatschalen funktioniert auch eine Glasscheibe, und vielleicht besitzt du sogar ein kleines Zimmer-Gewächshaus. Sobald sich das erste Grün zeigt, musst du die Abdeckung regelmäßig abnehmen oder mit einem dazwischengeklemmten Stöckchen offenhalten. Sonst ist es zu feucht, und es bildet sich leicht Schimmel auf der Erde.

HELLER **FENSTERPLATZ**

Platziere deine Anzuchtgefäße nun auf der Fensterbank, unter einem Dachfenster oder unter einer Anzuchtlampe. Sie sollten möglichst viel Licht und Wärme abbekommen. Falls deine Fensterbank aus Stein besteht, solltest du mit einer Unterlage aus Holz oder Kork für „warme Füße" deiner Aussaaten sorgen. Halte die Pflänzchen in den nächsten Tagen und Wochen immer schön feucht. Dabei ist Fingerspitzengefühl gefragt: Die Samen dürfen auf keinen Fall austrocknen, sollten aber auch nicht zu nass sein. Wir besprühen die Erde dazu mit lauwarmem Wasser. Niemals auf die Pflanzen selbst sprühen, da sie sonst kaputtgehen. Liebe hilft auch: Sobald sich erste kleine Pflänzchen gebildet haben, kannst du sie jeden Tag ein bisschen streicheln, damit sie stärkere Wurzeln bilden.

PIKIEREN

Wenn sich die Sämlinge dicht an dicht in ihrer Anzuchtschale drängeln und sich die ersten echten Laubblätter nach den Keimblättern gebildet haben, ist es Zeit zum Pikieren. Das bedeutet: Die Pflanzenkinder werden vorsichtig vereinzelt und in größere Gefäße umgesetzt. Bei Tomaten ist das gut drei Wochen nach der Aussaat der Fall.

SO FUNKTIONIERT ES

Fasse deinen Sämling vorsichtig an den Keimblättern an und steche mit einem Pikierstab, einem Holzstäbchen oder einem Grillspieß neben der Pflanze in die Erde, ohne dabei die Hauptwurzel zu beschädigen. Drücke das Holzstäbchen leicht nach oben, um die Pflanze samt Wurzel aus der Anzuchtschale zu hebeln.

Ist die Hauptwurzel sehr lang, kannst du sie mit einer Schere etwas kürzen. Dadurch wird das Wurzelwachstum noch einmal angeregt.

Setze den Sämling nun in einen größeren Topf mit nährstoffhaltigerer Erde. Drücke mit deinem Pikierstab ein Loch in die Mitte der Erde und setze die Pflanze rein. Tomaten und Paprika mögen es, wenn sie tiefer gesetzt werden, sodass die Keimblätter gerade so über die Erde ragen. Salat mag das hingegen gar nicht. Drücke nun die Erde leicht an und gieße die Pflanze vorsichtig.

AUF EINEN BLICK

Pflanzen, die gerne vereinzelt werden wollen:
Tomaten, Paprika, Aubergine, Chili, Kopfsalat

Pflanzen, die das Pikieren gar nicht mögen:
Gurke, Zucchini, Kürbis, Bohnen, Möhren, Erbsen

*>> **Bild oben:** Pflanzen werden vereinzelt*
*>> **Bild unten:** Einzug ins Hochbeet*

DIE **TÜCKEN** BEI *der Anzucht*

Nicht jeder Anzuchtversuch gelingt auf Anhieb. Neben einem grünen Daumen gehört oft auch einfach eine Portion Glück dazu. Mach dich nicht verrückt, wenn es beim ersten Mal nicht klappt, und versuche es einfach weiter.

#1 ZU FRÜH AUSGESÄT

Wir können es sehr gut verstehen, wenn es dir bereits im Januar in den Fingern kribbelt und du es kaum abwarten kannst, mit der Aussaat deiner Pflanzenkinder zu beginnen. Trotzdem solltest du dich noch ein wenig gedulden, denn die Jungpflanzen können erst ab Mitte Mai ins Beet umziehen. Halte dich deshalb am besten an den angegeben Aussaatzeitpunkt auf den jeweiligen Samentütchen.

#2 SAMEN KEIMEN NICHT

Du hast dich genau an die Aussaatanleitung gehalten, und trotzdem keimen die Samen innerhalb der angegebenen Keimdauer nicht? Das kann mehrere Ursachen haben:

- Das Saatgut ist vertrocknet. Es darf während der Keimphase niemals austrocknen, sonst stirbt der Samen ab.

- Der Standort ist zu kalt. Pflanzen benötigen eine bestimmte Temperatur, um keimen zu können. Paprika keimt zum Beispiel nur bei konstanten 22 bis 25 °C.

- Das Saatgut ist zu alt oder wurde falsch gelagert. Saatgut sollte immer trocken, kühl und dunkel gelagert werden.

#3 PFLANZEN VERGEILEN

Schlechte Lichtbedingungen haben häufig zur Folge, dass die Pflanzenkinder vergeilen. Sie versuchen, mit aller Kraft dem Licht entgegenzuwachsen, und werden dadurch lang und dünn. Das ist eine schlechte Grundlage, um einen gesunden Pflanzenkörper auszubilden, schwere Früchte zu tragen und Krankheiten zu trotzen. Pflanze vergeilte Jungpflanzen noch einmal um und setze sie dabei tiefer in die Erde, um sie zu stabilisieren. Dadurch bilden sie am Haupttrieb neue Wurzeln aus.

Optimal ist ein langsames, kontinuierliches Wachstum. Bieten deine Fensterbänke zu wenig Licht, hilft eine spezielle Anzuchtlampe. Damit schaffst du während des gesamten Anzuchtzeitraumes konstante Lichtverhältnisse. Wenn du gleich am Anfang in eine hochwertige Anzuchtlampe investierst, hast du viele Jahre etwas davon.

#4 SCHIMMELBILDUNG

Bildet sich Schimmel in deinen Anzuchtgefäßen, ist das meistens ein Indiz für zu viel Feuchtigkeit. Weniger gießen und den Raum regelmäßig lüften kann helfen.

>> Vor allem in Anzuchtgefäßen aus Papier und Pappe kann sich schnell Schimmel bilden

#5 TRAUERMÜCKEN

Trauermücken sind oft kein Problem, das du selbst verschuldet hast, sondern das du dir mit der gekauften Anzuchterde ins Haus geholt hast. Um ihre Ausbreitung zu vermeiden, kannst du die Erde bereits im Winter kaufen und draußen lagern, damit die Larven erfrieren. Alternativ kannst du die Erde vor der Aussaat im Backofen bei 180 °C erhitzen. Auch das tötet die Larven ab.

#6 NICHT ZU FRÜH INS BEET SETZEN

Sobald die Pflänzchen größer werden, möchte man sie am liebsten gleich ins Beet umsetzen. Um zu verhindern, dass sie bei Nachtfrost erfrieren, übe dich in Geduld und warte unbedingt die Eisheiligen Mitte Mai ab.

Tipp

STUFENWEISES ABHÄRTEN:
Damit deine Jungpflanzen nicht unvermutet von der warmen Kinderstube ins raue Freiluftklima kommen, stellst du sie zunächst erst tagsüber einige Stunden lang nach draußen. Aber bitte nicht in die pralle Sonne, das starke UV-Licht würde die zarten Pflänzchen verbrennen.

DIREKTSAAT

Nicht alle Pflanzen müssen zwingend vorgezogen werden, sondern können auch direkt ins Hochbeet, in den Balkonkasten oder Kübel gesät werden, zum Beispiel Radieschen, Gartenkresse, Spinat oder Ringelblumen.

DAS GIBT ES **ZU BEACHTEN**

Wenn der Boden sich ein wenig erwärmt hat, kein Nachtfrost mehr zu erwarten ist oder du ein geschütztes Frühbeet mit Aufsatz hast, kannst du gleich mit der Direktsaat beginnen.

Es gibt dabei drei wichtige Punkte zu beachten: Den richtigen **Aussaattermin** (genaue Angaben findest du auf den jeweiligen Samentütchen), die notwendige **Saattiefe** und schließlich den **Abstand** von Samen zu Samen.

Generell gilt: Der Boden sollte sich schon gut erwärmt haben, denn in kaltem Boden keimen die Samen nicht. Lockere die Erde mit einer Hacke leicht auf, damit sie fein ist. Verkrustete Oberflächen können die Sämlinge nämlich nur schwer durchbrechen.

>> ***Bild oben links:*** *Direktsaat im Beet*
>> ***Bild links:*** *Nach kurzer Zeit sprießen die ersten Pflänzchen aus der Erde*
>> ***Bild rechts:*** *Feldsalat bereit zur Aussaat*

Nachhaltig GÄRTNERN

Nachhaltig gärtnern bedeutet für uns in erster Linie, im Einklang mit der Natur zu gärtnern und dabei Ressourcen zu schonen, um am Ende pestizidfreie Lebensmittel in Bio-Qualität ernten zu können.

„Ich habe dir heute ein paar Blumen nicht gepflückt, um dir ihr Leben zu schenken."

(Christian Morgenstern)

WARUM **NACHHALTIG** *gärtnern?*

Beim Gärtnern denkt man sofort an ein umweltfreundliches Hobby, aber wenn man sich genauer damit beschäftigt, erkennt man schnell, wie viele Umweltsünden sich hinter dem grünen Hobby verstecken können. Wir hinterfragen Dinge und Methoden und entscheiden uns immer für umweltbewusste Alternativen.

DEIN **BEITRAG**

Mit dem Anbau eigener Lebensmittel leistest du einen nicht zu verachtenden Beitrag zum Umweltschutz. Doch Gärtnern an sich ist nicht automatisch nachhaltig, nur weil es mit Pflanzen zu tun hat. Ganz im Gegenteil: Beim Gärtnern kannst du eine Menge „falsch" machen. Das beginnt beispielsweise bei den Unmengen an Müll, die durch Plastiktöpfe entstehen, bei torfhaltiger Blumenerde, deren Gewinnung ökologisch wertvolle Moore zerstört, bei giftigen Spritz- und Düngemitteln, die nicht nur Schädlinge, sondern auch Nützlinge töten, oder bei Zierpflanzen, die als Massenware in Baumärkten und Gartencentern verkauft werden und häufig mit der Chemiekeule behandelt wurden.

GÄRTNERN NACH DEM **VORBILD DER NATUR**

Nachhaltig Gärtnern ist vielseitig. Es beginnt da, wo wenig Strom, Wasser und andere wertvolle Ressourcen verbraucht, wenig bis gar kein Müll verursacht und die Umwelt geschont wird. Das Geheimnis nachhaltigen Gärtnerns ist es, die Natur zu beobachten und von ihr zu lernen. Ihre Kreisläufe zu verstehen und nicht gegen sie zu arbeiten.

>> Unsere selbst gezogenen Tomaten sind garantiert frei von Spritzmitteln

CHECKLISTE FÜR NACHHALTIGES GÄRTNERN

- [ ] Anzuchttöpfe selber basteln oder vorhandene Gegenstände umfunktionieren
- [ ] Samenfestes Bio-Saatgut kaufen oder selbst gewinnen
- [ ] Jungpflanzen aus regionalem Bio-Anbau kaufen
- [ ] Bio-Erde ohne Torf verwenden
- [ ] Auf Kunststoff verzichten
- [ ] Regenwasser sammeln
- [ ] Ressourcenschonend gießen
- [ ] Umweltfreundlich düngen ohne Chemie
- [ ] Pflanzenmaterial wieder dem Kreislauf zuführen und Kompost herstellen
- [ ] Schädlinge mit natürlichen Mitteln bekämpfen
- [ ] Gärtnern mit Handgeräten statt mit Maschinenkraft
- [ ] DIY-Projekte aus recycelten Materialien bauen
- [ ] Für Möbel und Bauprojekte heimische Hölzer verwenden
- [ ] Bereits vorhandene Gefäße pflegen und bepflanzen, anstatt neue zu kaufen
- [ ] Insektenfreundliche Blühpflanzen verwenden

Nachhaltige PFLANZGEFÄSSE

Plastiktöpfe sehen nicht nur hässlich aus, Plastik ist auch nicht UV-beständig. Durch Sonneneinstrahlung können sich schädliche Weichmacher lösen, die in den Boden und vielleicht sogar in die Pflanzen übergehen.

UMWELTSCHONENDE **ALTERNATIVEN**

Nachhaltiger, gesünder und zudem auch hübscher sind Töpfe aus Keramik, Ton und Terrakotta (siehe Seite 22), die regional hergestellt und nicht aus Niedriglohnländern importiert werden. Unglasiert sind sie wasser- und luftdurchlässig.

Nachhaltigkeit beginnt vor allem dort, wo nichts weggeworfen und neu gekauft werden muss. Schau doch mal, was du noch im Keller hast. Eine alte Zinkwanne, Wein- oder Obstkisten aus Holz lassen sich ebenfalls gut bepflanzen.

ZINK- UND **EMAILLEGEFÄSSE** UPCYCELN

Du findest sie auf Flohmärkten, bei der Oma auf dem Dachboden oder auf dem Wertstoffhof: Alte, verbeulte Gefäße, die ihren Zweck erfüllt haben und nun nicht mehr gebraucht werden. Ein achtloses Entsorgen haben sie unserer Meinung nach nicht verdient, vielmehr wollen wir ihnen ein zweites Leben schenken. Töpfe, Eimer und Wannen wurden dazu gefertigt, wasserdicht zu sein. Möchtest du sie als Pflanzgefäße umfunktionieren, musst du sie mit einem oder mehreren Wasserabzugslöchern ausstatten. Dazu bohrst du in den Gefäßboden Löcher hinein.

OBST- UND **WEINKISTEN** BEPFLANZEN

Auch sie gehören zu unseren begehrten Schätzen, die einem Balkon oder einer Terrasse sofort einen individuellen Charakter verleihen. Möchtest du sie direkt bepflanzen, musst du sie mit einem festen Gewebe ausschlagen, damit die Pflanzerde nicht durchrieseln kann. Oder du stellst einfach mehrere bepflanzte Töpfe samt Untersetzer hinein.

Sinnvolle BEETPLANUNG

In der freien Natur wachsen Pflanzen in vielfältiger Nachbarschaft. Es stehen jedoch nur die Pflanzen zusammen, die sich auch miteinander verstehen. Im Beet hingegen legen wir fest, welche Pflanzen nebeneinander wachsen. Respektieren wir ihre natürlichen Zu- und Abneigungen nicht, kann es passieren, dass sie sich negativ beeinflussen und gegenseitig im Wachstum behindern. Das wirkt sich auch auf die Ernte aus.

Es lohnt sich deshalb, vor dem Bepflanzen deiner Hochbeete etwas mehr über deine Pflanzen zu lernen sowie einen sinnvollen Pflanzplan zu erstellen, der die jeweiligen Anforderungen an Standort, Pflege, Nährstoffbedarf und geeignete Beetnachbarn berücksichtigt.

>> Achte beim Bepflanzen darauf, welche Pflanzen gut miteinander auskommen

NÄHRSTOFFBEDARF

Pflanzen brauchen Nährstoffe – die einen mehr, die anderen weniger. Grundsätzlich unterscheiden wir deshalb zwischen Stark-, Mittel- und Schwachzehrern.

STARKZEHRER

Pflanzen dieser Gruppe benötigen sehr viele Nährstoffe. Der Boden, in dem sie wachsen, sollte gut mit Kompost angereichert werden. Regelmäßiges Düngen, zum Beispiel mit selbst gemachter Brennnesseljauche (siehe Seite 60), ist wichtig, um der Erde stets neue Nährstoffe zuzuführen. Zu den Starkzehrern zählen: Tomaten, Paprika, Kürbis, Zucchini, Lauch, Sellerie und Gurken.

MITTELZEHRER

Sie sind das Mittelding zwischen Stark- und Schwachzehrern und haben einen eher mäßigen Nährstoffbedarf. Ihnen reicht es aus, wenn du den Boden zu Beginn der Gartensaison düngst. Zu den Mittelzehrern gehören: Möhren, Kohlrabi, Rote Bete, Mangold, Erdbeeren sowie viele Salatsorten.

SCHWACHZEHRER

Schwachzehrer benötigen wenige Nährstoffe und kommen gut auf magerem Boden zurecht. Sie versorgen sich selbst mit Nährstoffen und müssen nicht zusätzlich gedüngt werden. Zu den Schwachzehrern zählen: Bohnen, Radieschen, Feldsalat, Erbsen sowie die meisten Kräuter.

*>> **Bild oben:** Da spitzt ein Radieschen raus*
*>> **Bild rechts:** Tomaten und Kapuzinerkresse sind hervorragende Beetnachbarn*

NÄHRSTOFFTHEMA IM HOCHBEET

Ein frisch befülltes Hochbeet besitzt einen großen Vorrat an Nährstoffen und sollte im ersten Jahr mit Starkzehrern wie Kürbis, Zucchini und Fenchel bepflanzt werden. Im zweiten und dritten Jahr wählt man bevorzugt Mittelzehrer wie Kohlrabi, Rote Bete und Gurken. Im vierten Jahr hat sich der Nährstoffvorat stark reduziert, und du kannst jetzt Schwachzehrer wie Radieschen, Bohnen und Erbsen pflanzen.

So die Theorie. In der Praxis kombinieren wir von Anfang an Gemüsearten und Kräuter, die uns schmecken, und stimmen den Nährstoffbedarf der jeweiligen Arten durch entsprechende Erdauswahl und Düngegaben ab. Dabei beachten wir die Biogarten-Prinzipien der Mischkultur und des Fruchtwechsels.

MISCHKULTUR

Bei dieser Kulturform dürfen in einem Beet unterschiedliche Gemüsesorten, Salate, Kräuter und Sommerblumen nebeneinander wachsen. Dabei werden die Pflanzen so kombiniert, dass sie sich gegenseitig positiv beeinflussen. Die richtigen Beetnachbarn unterstützen sich nicht nur im Wachstum, sondern können auch gegenseitig Krankheiten vorbeugen und Schädlinge abwehren. Eine Übersicht, welche Arten gut miteinander können, findest du auf Seite 53.

FRUCHTFOLGE

Als Fruchtfolge wird der aufeinanderfolgende Anbau unterschiedlicher Pflanzen im gleichen Beet innerhalb einer Saison bezeichnet. Säst du zum Beispiel schon im Frühjahr die ersten Radieschen in deinem Hochbeet aus, sind diese bereits nach wenigen Wochen erntereif und machen Platz für Kürbis, Gurken oder anderes Gemüse. Mit ein wenig Planung kannst du auch auf kleinem Raum relativ viel ernten, ohne dass dem Boden zu viele Nährstoffe entzogen werden.

Gute Vor- und Nachkulturen sind neben den frühen Sorten der Radieschen auch Salate und Spinat.

FRUCHTWECHSEL

Bei diesem Prinzip handelt es sich um eine planvolle Folge verschiedener Gemüse auf derselben Anbaufläche im Lauf mehrerer Jahre. Damit kannst du Bodenmüdigkeit und Krankheitsanfälligkeit deiner Pflanzen vorbeugen.

Dazu solltest du wissen: Jede Pflanzenart ist einer Pflanzenfamilie zugeordnet. Gemüsearten, die zur selben Pflanzenfamilie gehören, locken häufig die gleichen Schädlinge oder Krankheitserreger an. Deshalb baue niemals dieselbe Gemüsesorte derselben Pflanzenfamilie im darauffolgenden Jahren an der gleichen Stelle an. Zu den besonders empfindlichen Pflanzenfamilien zählen Kreuz-, Dolden-, Korb- und Schmetterlingsblütler.

Der Fruchtwechsel umfasst auch die Berücksichtigung des Nährstoffbedarfs der Gemüsearten. Pflanzt du zum Beispiel immer wieder Starkzehrer hintereinander, ermüdet der Boden.

Tipp

Um den Überblick zu behalten, schreiben wir unsere Anbaupläne in ein Gartennotizbuch und vermerken im Lauf der Saison dazu, was gut funktioniert hat und was weniger.

Gute NACHBARN, schlechte NACHBARN

Jede Pflanze hat ihre eigenen Bedürfnisse. Die eine benötigt viel Sonne und feuchte Erde, die andere Halbschatten und trockene Erde, und wieder eine andere braucht Sand zum Wachsen und Gedeihen. Bevor du verschiedene Gemüsearten nebeneinander anpflanzt, schau dir an, welche miteinander harmonieren, welche sich begünstigen oder gar schaden.

GUTE BEETNACHBARN

Nach den Prinzipien der Mischkultur baut man solche Arten miteinander an, die sich gut vertragen oder sogar gegenseitig fördern. Damit beugst du Krankheiten und Schädlingen vor und steigerst deinen Ernteerfolg.

Wir setzen gerne auch Kräuter zwischen unsere Gemüsepflanzen, denn stark riechende Kräuter- und Duftpflanzen haben einen großen Einfluss auf benachbartes Gemüse. Außerdem lockt Blühendes viele Nützlinge an.

Zu den klassischen „Wächterpflanzen“ für Tomaten gehören beispielsweise Basilikum, der Mehltau von den Tomatenpflanzen fernhält, und Kapuzinerkresse, die Blattläusen den Appetit verdirbt.

>> Üppiges Wachstum, vitale Pflanzen: Hier haben wir die richtigen Nachbarn kombiniert

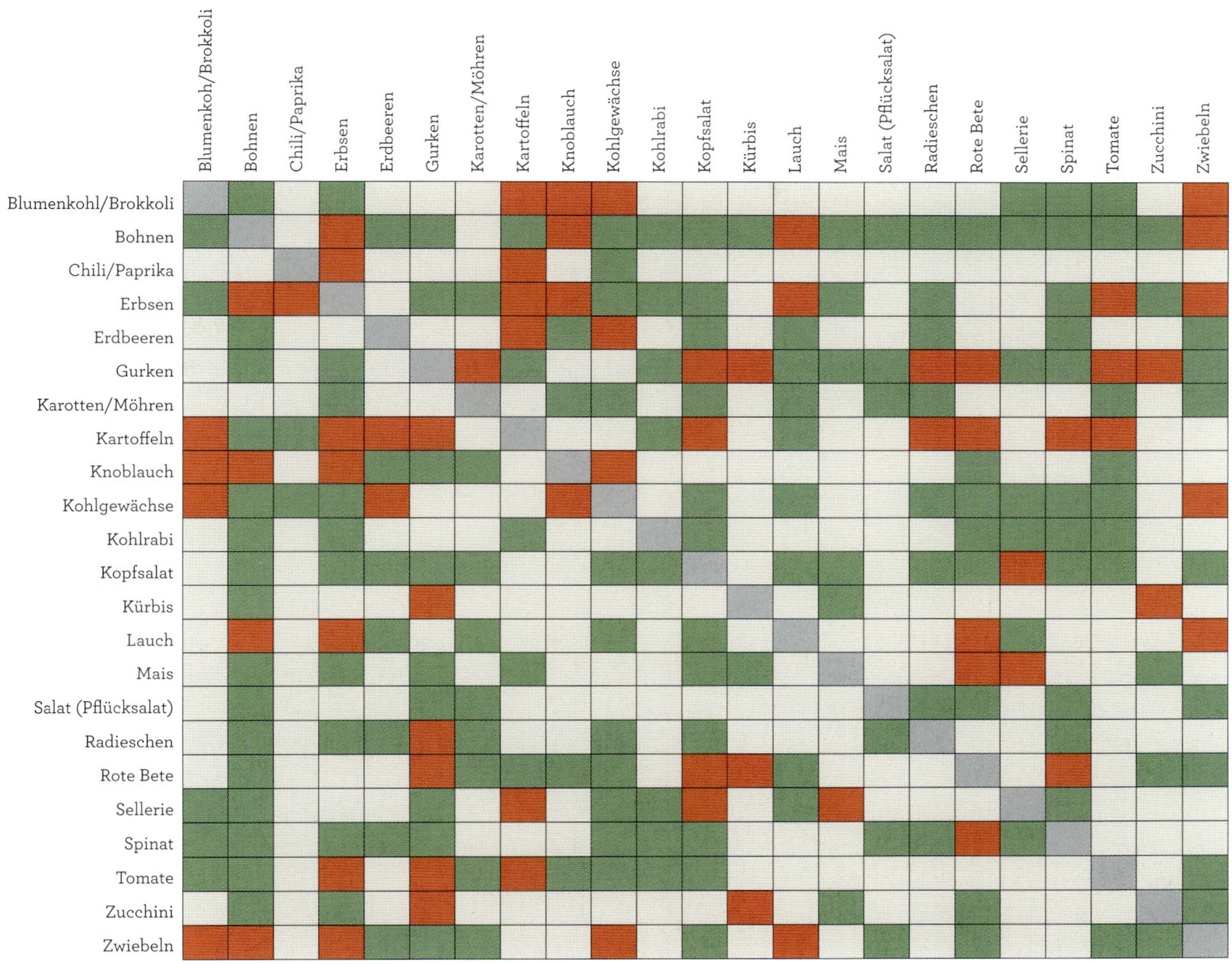

schlechte Nachbarn

gute Nachbarn

auf einen Blick

Diese Übersicht zeigt dir, welche Pflanzen gut und welche weniger gut nebeneinander klarkommen.

RESSOURCEN-SCHONEND *gießen*

Pflanzen benötigen Wasser. Zusammen mit den darin gelösten Nährstoffen nehmen sie es über ihre Wurzeln auf und leiten es über die Stängel in die Blätter, Blüten und Früchte. In der freien Natur graben sich die Wurzeln bei Trockenheit immer tiefer in die Erde, um nach Wasser zu suchen. In einem Hochbeet oder einem Blumentopf ist die Tiefe jedoch begrenzt. Deshalb musst du dafür sorgen, dass deine Pflanzen ausreichend mit Wasser versorgt werden.

Grundsätzlich gilt, je kleiner das Gefäß, desto schneller trocknet die Erde aus, und desto häufiger muss gegossen werden. Sauberes Wasser ist jedoch eine der knappsten Ressourcen unseres Planeten. Sinkende Grundwasserspiegel und die zunehmende Belastung durch Pestizide sorgen dafür, dass Wasser in Zukunft noch kostbarer sein wird, als es heute schon ist. Bitte gehe deshalb sehr sparsam damit um.

Hier kommen unsere Tipps für eine nachhaltige und ressourcenschonende Wassernutzung auf deinem Balkon oder deiner Dachterrasse.

#1 KENNE DEINE PFLANZEN

Unterschiedliche Pflanzen benötigen unterschiedlich viel Wasser. Als Faustregel gilt:

Gemüsearten mit großen, fleischigen Blättern wie Kürbis und Gurken benötigen viel Wasser. Alles, was mit großen Knollen unter der Oberfläche wächst, hat im Regelfall einen guten Wasserspeicher und kommt mit weniger Wassergaben aus. Das gilt für Möhren oder Rettich.

Mediterrane Kräuter wie Rosmarin, Thymian und Salbei bevorzugen nährstoffarme, trockene Böden und müssen nur sehr sparsam gegossen zu werden.

#2 ERFÜHLE DEN WASSERBEDARF

Einfach nach Bauchgefühl zu gießen ist definitiv nicht die richtige Strategie, denn das verschwendet unnötige Ressourcen und kann den Pflanzen sogar schaden. Eine trockene Oberfläche kann täuschen. Besser ist es, den Wasserbedarf zu erfühlen. Stecke dazu einfach einen Finger ein paar Zentimeter tief in die Erde und fühle, wie feucht oder trocken sie ist.

#3 NUTZE REGENWASSER

Kostenlos, ressourcenschonend und am besten für deine Pflanzen geeignet ist abgestandenes Regenwasser. Es ist weich und konnte sich an der Luft erwärmen – etwas, was die Pflanzen sehr schätzen. Wenn es die Statik deines Balkons erlaubt, kannst du eine kleine Regentonne aufstellen. Decke die Tonne unbedingt ab, damit hier keine Mückenlarven entstehen.

#4 ACHTE AUF DIE TEMPERATUR

Falls du nicht die Möglichkeit hast, Regenwasser aufzufangen, und deshalb auf Leitungswasser zurückgreifen musst, achte darauf, dass es eine Zeit lang in der Gießkanne abstehen und sich auf Umgebungstemperatur erwärmen kann. Gieße deine Pflanzen niemals mit eiskaltem Wasser, das kann Wachstumshemmungen auslösen.

#5 GIESSE ZUM RICHTIGEN ZEITPUNKT

Der ideale Zeitpunkt zum Gießen sind die frühen Morgenstunden. Dann ist es in der Regel am kühlsten und die Verdunstung gering. Gieße niemals in der prallen Mittagssonne, denn dann verdunstet eine Menge Wasser völlig sinnlos. Nach sehr heißen Tagen brauchen deine Pflanzen vielleicht auch abends nochmals eine Wassergabe. Schlaff herunterhängende Blätter zeigen es dir.

#6 GIESSE AN DIE WURZELN

Versuche immer, so nah wie möglich am Wurzelstock einer Pflanze zu gießen, wo sie das Wasser direkt aufnehmen kann. Vermeide es, die Blätter zu benetzen, denn das fördert Krankheiten und Schädlinge. Außerdem können Wassertropfen bei Sonnenbestrahlung wie ein Brennglas wirken und die Blätter leicht verbrennen.

#7 GIESSE GRÜNDLICH

Die Grundregel lautet: Lieber einmal gründlich und durchdringend wässern als mehrmals nur schwach. So werden die Pflanzen gefordert, ein weitreichenderes Wurzelwerk auszubilden, und erreichen dadurch auch tiefere Bodenschichten.

#8 ÜBERSCHÜSSIGES WASSER ZURÜCKNEHMEN

Wasser, das nach etwa 10 Minuten immer noch im Unterteller des Blumentopfes steht, kannst du zurück in die Gießkanne schütten und wieder verwenden.

#9 MULCHE DEINEN BODEN

Schütze den Boden vor dem Austrocknen, indem du ihn zum Beispiel mit getrocknetem Rasenschnitt abdeckst. Das nennt sich Mulchen. Wind und Sonne können dem Boden dadurch nicht so schnell Feuchtigkeit entziehen. Auch das spart kostbares Gießwasser.

>> *Wasser ist ein kostbares Gut und sollte überlegt verwendet werden*

BEWÄSSERUNGSHILFE FÜR DEN KURZURLAUB

Falls du für ein paar Tage verreist und keine*r deiner Freund*innen oder Nachbar*innen zum Gießen einspringen kann, kannst du dir ganz einfach eine Bewässerungshilfe bauen und musst dafür keine teuren, strombetriebenen Bewässerungssysteme kaufen.

Dazu benötigst du lediglich einen unglasierten Topf aus durchlässigem Ton sowie einen Korken. Mit dem Korken verschließt du das Abflussloch im Boden des Topfes. Falls er zu groß ist, schnitze den Korken mit einem scharfen Messer zurecht.

Anschließend gräbst du den Tontopf in die Erde ein und gießt Wasser hinein. Das Wasser sickert nun nach und nach langsam in die Erde und versorgt deine Pflanzen. Entfernst du den Topf irgendwann, wirst du sehen, dass die Wurzeln der benachbarten Pflanzen zum Topf hinwachsen, um an ihr Wasser zu kommen.

Verschließt du deinen Topf dann noch mit einem Untersetzer oder einem Teller, verdunstet das Wasser nicht so schnell und kann fast komplett an die Pflanzen abgegeben werden.

>> **Bild links:** *Tontopf als Bewässerungshilfe*
>> **Bild rechts:** *Die Wurzeln wachsen zur Wasserquelle*

UMWELTFREUNDLICH
düngen

Pflanzen benötigen Nährstoffe zum Wachsen. Während die Nährstoffe in der konventionellen Landwirtschaft von chemischen, meist giftigen Spritz- und Düngemitteln kommen, kannst du auf deinem Balkon oder deiner Terrasse auf natürliche, umweltfreundliche Alternativen zurückgreifen. Du musst dazu noch nicht mal teuren Bio-Dünger kaufen, sondern kannst ihn ganz einfach selbst herstellen.

KAFFEESATZ

Kaffeesatz wegzuwerfen ist viel zu schade, denn er enthält jede Menge wertvolle Inhaltsstoffe wie Kalium, Stickstoff, Phosphor, Gerbsäure und Antioxidantien. Das sind Nährstoffe, die auch synthetisch hergestellte Dünger beinhalten, im Kaffesatz sind sie aber natürlich vorhanden.

Bevor du den Kaffeesatz an deine Pflanzen gibst, solltest du ihn gut durchtrocknen lassen. Dazu einfach auf einem Teller ausbreiten und an der Luft trocknen lassen.

Kaffeesatz hat einen niedrigen pH-Wert und eignet sich deshalb besonders gut zum Düngen von Pflanzen, die einen sauren Boden mögen. Dazu zählen zum Beispiel Gurken, Tomaten, Zucchini, Kürbis, Radieschen, Heidelbeeren, Paprika oder Kartoffeln.

Pflanzen, die lieber auf kalkigen, basischen Böden wachsen, solltest du nicht mit Kaffeesatz düngen. Dazu zählen zum Beispiel Sellerie, Karotten, Salate, Erdbeeren, Kohl oder Zwiebeln.

>> Kaffeesatz ist ein hervorragender Dünger

BOKASHI

Da wir auf unserer Dachterrasse leider nicht den Platz für einen eigenen Komposthaufen haben, haben wir uns für einen Küchenkomposter, einen sogenannten Bokashi-Eimer, entschieden. Die Bokashi-Methode kommt aus Japan und funktioniert nicht durch Verrottung, sondern durch Fermentation. Dazu sind Effektive Mikroorganismen (EM) in Pulver- oder flüssiger Form erforderlich. Sie beschleunigen den Zersetzungsprozess.

Du gibst alle zerkleinerten, organischen Küchenabfälle in den Eimer und bedeckst sie mit Bokashi-Ferment. Das ist eine Mischung aus Effektiven Mikroorganismen, fermentierten Getreidesorten, Urgesteinsmehl und EM-Keramikpulver. Alternativ sprühst du die Küchenabfälle mit der EM-Lösung ein. Anschließend alles gut mit einer Kelle verdichten. Der Eimer wird dann luftdicht verschlossen und kann sogar in der Wohnung aufbewahrt werden. Es riecht nur unangenehm, wenn du den Deckel öffnest.

Innerhalb weniger Wochen vergären die Mikroorganismen das Material. Am Bokashi-Eimer befindet sich unten ein Zapfhahn, an dem du die angesammelte Flüssigkeit abzapfen kannst. Sie ist sehr reich an Mineralstoffen und eignet sich mit Wasser verdünnt hervorragend als Dünger für deine Pflanzen.

>> ***Bild ganz oben:*** *Bokashi-Eimer zum Fermentieren*
>> ***Bild oben:*** *Das Bokashi-Ferment fördert die Zersetzung der Küchenabfälle*

DAS DARF IN DEN BOKASHI-EIMER

- Generell gilt: je kleiner die Küchenabfälle geschnitten werden, umso schneller werden sie fermentiert

- Schalen und Reste von Gemüse und Obst, altes Brot, Kaffeesatz

DAS DARF NICHT IN DEN BOKASHI-EIMER

- Tierische Abfälle wie Fleisch, Knochen, Eier, Joghurt oder Käse

- verschimmelte Lebensmittel

BRENNNESSELJAUCHE

Brennnesseljauche (siehe Seite 60) wehrt nicht nur Schädlinge ab, sondern versorgt deine Pflanzen mit Stickstoff, Kalium und weiteren wichtigen Mineralien, wie zum Beispiel Kieselsäure, die die Zellwände der Pflanzen stärkt.

Hinweis

Zu den Pflanzen, die eine derart stickstoffreiche Düngung nicht vertragen, gehören Erbsen, Möhren, Knoblauch und Zwiebeln.

DIE **WURMKISTE**

Auch sie benötigt wenig Platz. Ihr Prinzip: In einer Holzkiste verstoffwechseln fleißige Kompostwürmer unsere pflanzlichen Küchenabfälle zu wertvollem Wurmkompost. Du bekommst fertige Wurmkisten mit waagrechtem oder turmartigem Aufbau im Handel oder findest Bauanleitungen dazu im Internet.

Üblicherweise werden zwei Kammern durch ein Lochblech getrennt, das den Würmern den Wechsel von einer Kammer in die andere ermöglicht.

In die eine Kammer gibt man die zerkleinerten, frischen Küchenabfälle. Von dort holen sie sich die Würmer in die andere Kammer, wo sie zersetzt werden. Wichtig: Die Kammern müssen stets feucht gehalten werden und dunkel sein. Am besten stellt man sie an einem schattigen Platz auf.

Zur Ernte lässt man die Kammer mit dem reifen Wurmkompost austrocknen. Die Würmer ziehen sich in die Kammer mit den frischen Abfällen zurück.

VORTEILE DER **ORGANISCHEN DÜNGUNG**

Mineraldünger enthalten die wichtigsten Pflanzennährstoffe in hochkonzentrierter, sofort pflanzenverfügbarer Form – damit sind Düngeschäden vorprogrammiert. Für uns kommt nur eine Düngung mit organischen Düngern infrage, denn die Nährstoffe werden erst nach und nach freigesetzt. Organische Dünger wie Kompost fördern das Bodenleben und werden von den Bodenlebewesen über einen langen Zeitraum umgesetzt. Damit besteht keine Gefahr der Überdüngung.

ÜBERSICHT **PFLANZENNÄHRSTOFFE**

Zu den wichtigsten Makronährstoffen gehören Stickstoff, Phosphor, Kalium, Magnesium, Kalzium und Schwefel. Ein wichtiger Mikronährstoff ist Eisen.

STICKSTOFF	*Stickstoff wird für die Bildung von Chlorophyll und für den Aufbau der Eiweiße benötigt.*
PHOSPHOR	*Phosphor wird für die meisten Stoffwechselprozesse, beispielsweise die Photosynthese, benötigt. Er spielt bei der Ausbildung von Blüten und Früchten eine wichtige Rolle.*
KALIUM	*Kalium ist an der Photosynthese beteiligt und am Transport von Zucker und Stärke innerhalb der Pflanze. Es hat somit Einfluss auf das Aroma und den Geschmack der Früchte.*
MAGNESIUM	*Magnesium ist ebenfalls an der Photosynthese beteiligt und wichtig für einen guten Wasserhaushalt.*
KALZIUM	*Kalzium hebt den pH-Wert und entsäuert diesen. Es ist für den Aufbau und die Stabilität der Pflanzenzellen wichtig.*
SCHWEFEL	*Schwefel ist beteiligt an der Eiweißgewinnung und Photosynthese.*
EISEN	*Der Mikronährstoff Eisen ist wichtig für die Bildung des Chlorophylls und beteiligt an der Eiweißbildung. Sehr kalkreiche Böden können einen Eisenmangel begünstigen.*

DIY BRENNNESSEL-*jauche*

Brennnesseln wachsen auf nährstoffreichen und feuchten Böden. Es sind Zeigerpflanzen für Stickstoff. Neben diesem Nährstoff enthalten sie auch jede Menge Mineralstoffe und Spurenelemente. Die Pflanzenjauche aus Brennnesseln kannst du ganz einfach selbst herstellen.

DAS BRAUCHST DU

- ca. 500 g frische Brennnesseln
- Gesteinsmehl
- Schere
- Eimer
- 10 l Regenwasser

Tipp

Mit der verdünnten Jauche kannst du deine Pflanzen einmal die Woche düngen.

so geht's

SCHRITT 1
Handschuhe an und etwa 500 g frische Brennnesseln sammeln.

SCHRITT 2
Schneide sie mit einer Schere klein und gib sie in einen Eimer.

SCHRITT 3
Übergieße die Brennnesseln mit 10 Liter Regenwasser.

SCHRITT 4
Um den intensiven Geruch gärender Jauche etwas abzumildern, gib Gesteinsmehl hinzu.

SCHRITT 5
Decke das Gefäß luftdurchlässig ab und lass das Gemisch etwa zwei Wochen ziehen. Rühre es täglich mit einem Stab um.

SCHRITT 6
Siebe die vergorenen Pflanzenreste ab.

SCHRITT 7
Verdünne die Jauche vor der Anwendung im Verhältnis 1:10 mit Wasser.

1

2

3

4

5

6

7

SCHÄDLINGE & KRANKHEITEN NATÜRLICH *bekämpfen*

Die Gefahr, dass deine Pflanzen auf Balkon oder Dachterrasse von Schädlingen befallen werden, ist deutlich geringer als im Garten. Falls sich doch mal Schädlinge in deine Beete verirren oder deine Pflanzen von lästigen Krankheiten befallen sind, greife nicht zur chemischen Keule, denn das schadet nicht nur der Umwelt, sondern auch deiner eigenen Gesundheit. Natürliche Hausmittel sind eine unbedenkliche Alternative zur Bekämpfung von Schädlingen und Krankheiten.

BRENNNESSELSUD GEGEN BLATTLÄUSE

Eine Blattlaus kommt selten allein: Die grünen oder schwarzen Blattsauger sitzen meist in dichten Kolonien an frischen Trieben. Du kannst sie gut mit Brennnesselsud wieder loswerden. Übergieße dafür etwa 100 g frische Brennnesselblätter mit 500 ml kochendem Wasser. Diesen Ansatz lässt du etwa 24 Stunden ziehen. Durch ein Küchensieb abgießen und die Flüssigkeit in eine Sprühflasche füllen. Die Lösung kann dann sofort auf die betroffenen Pflanzen gesprüht werden.

>> *Besprühe deine Pflanzen nur bei bedecktem Himmel*

NATRON GEGEN ECHTEN MEHLTAU

Der mehlig weiße, abwischbare Belag zeigt sich zuerst auf den Blattoberseiten, an frischen Trieben, Stacheln und zum Teil auch auf den Blütenblättern und Früchten. Entferne die betroffenen Pflanzenteile und besprühe die restliche Pflanze mit einem Wasser-Natron-Gemisch. Dazu löst du einen Teelöffel Natron in einem Liter Wasser auf und füllst das Gemisch in eine Sprühflasche. Der hohe pH-Wert der Lösung sorgt dafür, dass sich die Pilzsporen des echten Mehltaus nicht weiter ausbreiten.

KNOBLAUCH GEGEN SPINNMILBEN UND FALSCHEN MEHLTAU

Die winzigen Spinnmilben überziehen meist die Blattunterseiten mit einem feinen Gespinst. Falscher Mehltau unterscheidet sich von Echtem dadurch, dass er auf der Blattunterseite meist graue oder grauviolette Pilzrasen bildet, während auf der Blattoberseite nur Aufhellungen oder gelbliche Flecken zu erkennen sind. Gegen beide Schadbilder hilft dieser Sud: Zerdrücke mit einer Gabel zwei bis drei Knoblauchzehen und übergieße sie mit 500 ml kochendem Wasser. Nach dem Abkühlen unverdünnt in eine Sprühflasche geben und die befallenen Pflanzen besprühen.

KERNSEIFE GEGEN RAUPEN UND BLATTLÄUSE

Ca. 30 g Kernseife mit einer Reibe zerkleinern und mit 500 ml warmem Wasser auflösen. Abkühlen lassen und in eine Sprühflasche füllen. Befallene Pflanzen mit der Lauge besprühen. Nach etwa 20 Minuten mit klarem Wasser nachspülen, damit die Lauge abgewaschen wird. Wir decken die Erde während der Behandlung ab, damit die Seife nicht in den Boden sickert.

>> ***Bild oben links:*** *Gegen Raupen kann Kernseife helfen*
>> ***Bild rechts:*** *Fraßspuren am Salbeiblatt*
>> ***Bild links:*** *Blattläuse an der Kapuzinerkresse*

SLOWFLOWERS

Nachhaltiges Gärtnern hat nicht nur mit dem Anbau von Gemüse zu tun. Auch bei Zierpflanzen macht es Sinn, sich damit zu beschäftigen, woher sie stammen und wie sie angebaut werden.

PROBLEMATIK ZIERPFLANZEN

Die meisten Schnittblumen, die in Deutschland verkauft werden, kommen aus fernen Ländern wie Kolumbien, Kenia, Äthiopien oder Ecuador, wo Böden und Gewässer mit chemischen Spritzmitteln vergiftet werden und die Arbeitsbedingungen katastrophal sind. Von dort werden die pestizidbelasteten Blumen um die halbe Welt geflogen, nur damit wir sie für ein paar Tage in die Vase stellen und anschließend im Müll entsorgen.

DEINE EIGENEN **SLOWFLOWERS**

Um diesem Wahnsinn entgegenzuwirken und Blumen wieder mehr Wertschätzung entgegenzubringen, kannst du dir selbst eine nachhaltige, bunte Blumenpracht auf der Dachterrasse oder dem Balkon anbauen. Säe dazu einfach nachhaltig produziertes Slowflower-Saatgut in Kübeln oder Töpfen aus. Sobald sich die ersten Blüten bilden, kannst du sie für die Vase schneiden, als Tischdeko verwenden oder als kleinen Strauß verschenken. Viele Sorten werden durch regelmäßigen Schnitt sogar dazu angeregt, immer neue Blüten zu produzieren, und blühen dadurch monatelang.

Weiterer Pluspunkt: Auch Bienen und andere Insekten freuen sich über bunte, pestizidfreie Balkonblumen.

UNKOMPLIZIERTE **BALKONBLUMEN**

Für Balkonkästen eignen sich die hohen Blütenkerzen des Feldrittersporns, die orangefarbenen oder gelben Ringelblumen sowie die zarte Jungfer im Grünen. Schmuckkörbchen können meterhoch werden, für sie sollte man ein größeres Pflanzgefäß reservieren. Wenn du an einem Balkongeländer einen blühenden Sichtschutz pflanzen möchtest, sind rankende Duftwicken eine gute Wahl.

>> *Slowflower-Saatgut*

>> **Bild oben links:** *Chinesisches Vergissmeinnicht*
>> **Bild oben rechts:** *Ungefüllte Blüten bieten Insekten Nahrung*
>> **Bild unten links:** *Lavendel ist ein Hummelmagnet*
>> **Bild unten rechts:** *Eigene Blumen liefern die schönsten Sträußchen*

DIY AUFHÄNGUNG FÜR *Gartenwerkzeug*

Wir lieben es, dass wir unsere wichtigsten Gartengeräte stets griffbereit haben. Hier findest du unsere Anleitung, damit Schaufel, Harke, Gartenschere und Co. einen festen Platz bekommen.

MATERIAL

- 1 x Kantholz in gewünschter Länge, 50 mm Breite, 20 mm Stärke
- 4–6 Wandhaken
- 2–3 Schrauben
- ggf. Kaffeebeize und Pinsel

WERKZEUG

- Bleistift
- Akkuschrauber mit Holzbohrer
- Schleifklotz oder Schleifpapier
- Zollstock
- ggf. Bohrmaschine und Dübel

Hinweis

Bei uns hängt die Geräteleiste unter dem Dach unserer Terrasse, sodass die Handwerkzeuge vor Witterungseinflüssen geschützt sind.

so geht's

SCHRITT 1

Nimm das Kantholz in deiner gewünschten Länge und zeichne ein, an welchen Stellen später Haken eingeschraubt werden sollen. Achte dabei unbedingt darauf, dass ausreichend Abstand zwischen den Haken bestehen bleibt. Am besten legst du dein Gartenwerkzeug nebeneinander und misst daran die passenden Abstände ab.

SCHRITT 2

Bohre mithilfe des Akkuschraubers und eines passenden Holzbohrers die Stellen für die Wandhaken vor.

SCHRITT 3

Zeichne die Stellen für die Wandbefestigung vor. Bei uns reichte jeweils eine Schraube rechts und links vollkommen aus. Sollte deine Leiste länger sein, setze eine zusätzliche Schraube in die Mitte.

SCHRITT 4

Schleife das Kantholz mit Schleifpapier ab. Wenn du magst, kannst du es anschließend mit Kaffeebeize streichen. Wie du Kaffeebeize selbst herstellst, zeigen wir dir auf Seite 78.

SCHRITT 5

Nachdem das Holz vollständig getrocknet ist, kannst du die Wandhaken in die vorgebohrten Löcher eindrehen.

SCHRITT 6

Befestige die fertige Aufhängung mit den Schrauben an deiner Wand. Bei einer Beton- oder Steinwand musst du die Löcher dafür mit einer Bohrmaschine bohren und Dübel einsetzen.

Gärtnern
IM HOCHBEET

Während deine Aussaaten zu kleinen, kräftigen Pflänzchen heranwachsen, kannst du die Zeit nutzen und dir schon einmal Gedanken machen, wo du sie später einpflanzen möchtest. Ein Hochbeet bietet ideale Bedingungen, um Kräuter und Gemüse anzubauen. In diesem Kapitel findest du eine detaillierte Anleitung zum Bau eines eigenen Hochbeets sowie jede Menge Tipps zur Befüllung und Bepflanzung.

*„Unkraut
nennt man die Pflanzen,
deren Vorzüge noch
nicht erkannt worden sind."*

(Ralph Waldo Emerson)

VORTEILE EINES *Hochbeets*

Nicht nur im Garten, sondern auch auf Balkon und Terrasse bietet ein Hochbeet viele Vorteile. Alle anfallenden Arbeiten wie Aussaat, Bepflanzung, Pflege und Ernte lassen sich bequem im Stehen erledigen. Hier haben wir dir alle Vorteile dieser wunderbaren Beetform zusammengestellt.

WÄRMENDE SCHICHTEN

Durch die unterschiedlichen Schichten im Inneren des Hochbeets entsteht Wärme. Dieser Vorteil verlängert die Gartensaison um einige Wochen.

GUT GESCHÜTZT

Durch eine Abdeckung oder Überdachung kann man die Pflanzen im Hochbeet vor extremen Witterungseinflüssen wie Starkregen, Sturm oder Hagel schützen.

RÜCKENSCHONEND

Die Hochbeete erlauben ein bequemes Arbeiten im Stehen, wofür unser Rücken sehr dankbar ist. Außerdem haben wir so unsere Pflänzchen besser im Blick.

OPTIMALE VERSORGUNG

Die Pflanzen bekommen im Idealfall genau die Erde, die sie zum Wachsen benötigen. Dadurch werden sie optimal mit Nährstoffen versorgt, bilden ein dichtes Wurzelwerk und eine reiche Ernte.

GÄRTNERN WIE IM GARTEN

Ein Hochbeet bietet eine vergleichsweise große Anbaufläche. Du kannst die Prinzipien des ökologischen Gärtnerns wie Mischkultur und Fruchtfolge auch ohne Garten ausprobieren. Bei geschickter Nutzung erzielst du eine reiche Ernte, mit der du deinen Speiseplan bereicherst.

>> Feldsalat ernten, ohne sich bücken zu müssen – ein Traum!

PLANUNG EINES *Hochbeets*

Während man selbst in kleinen Gärten problemlos einen Standort für ein Hochbeet findet, musst du auf Balkon und Terrasse die besonderen Gegebenheiten berücksichtigen.

TRAGLAST

Je höher und größer das Hochbeet ist, desto mehr Pflanzenerde und Kompost benötigst du zur Befüllung. Informiere dich unbedingt über die zulässige Traglast deines Balkons oder deiner Terrasse, denn ein fertiges Hochbeet inklusive Füllung kann mehrere hundert Kilo wiegen.

>> Unter dem Dach des Aufbaus gedeihen die Tomaten prächtig

ABLAUF

Im Gegensatz zu einem Hochbeet im Garten kann überschüssiges Gieß- oder Regenwasser auf einer Terrasse oder einem Balkon nicht so einfach in den darunterliegenden Boden abfließen. Wenn überschüssiges Wasser nicht abfließen kann, verdrängt es die Luft aus der Erde, die Wurzeln ersticken aufgrund von Sauerstoffmangel und verfaulen. Schließlich sterben die Pflanzen ab.

Ganz wichtig ist deshalb, dass du für einen Ablauf sorgst – entweder durch Abflusslöcher seitlich an den Wänden im unteren Bereich oder im Fundament des Hochbeetes.

Bei uns läuft überschüssiges Wasser direkt aufs Dach und kann über die Regenrinne abfließen. Bei einer Terrasse mit Gefälle sollte das Beet so konstruiert sein, dass das Wasser vom Hochbeet wegfließen kann und nicht vor dem Beet stehen bleibt.

DER RICHTIGE STANDORT

Reserviere für dein Hochbeet den sonnigsten Platz. Deine Gemüse und Kräuter werden es dir mit reichlich Aroma und Geschmack danken.

MATERIAL

Für unser nachhaltiges Gesamtkonzept kam nur heimisches Holz als Baumaterial infrage. Steine als Umrandung sind für Balkone und Terrassen zu schwer, einzig leichte Modelle aus Metall wären eine Alternative.

HOCHBEET
bauen

Für den Bau eines Hochbeets musst du nicht zwingend neue Materialien kaufen, du kannst genauso gut alte Holzreste recyceln. Schau einfach mal, was du noch im Keller hast, oder frag Freunde und Bekannte. Oft liegen Holzbretter auch auf dem Sperrmüll. Morsch dürfen sie allerdings nicht sein.

MATERIAL

- alte Holzbalken oder Bretter 16 x 6 cm
- Schalbretter
- verzinkte Senkkopf-Holzschrauben
- Noppenfolie ohne Weichmacher
- Noppenbahn-Dichtnägel
- evtl. Kaffeesatz zum Herstellen der Beize

WERKZEUG

- Handkreissäge
- Schwingschleifer
- grobes Schleifpapier
- Montagewinkel
- Akkuschrauber
- Messer
- Hammer
- Anschlagwinkel

Hinweis

Unser quadratisches Hochbeet ist an beiden Seiten 140 cm lang. Es lässt sich unkompliziert und vor allem kostengünstig nachbauen. Form und Maße können individuell an deine Bedürfnisse und den vorhandenen Platz angepasst werden.

so geht's

2

3

4

SCHRITT 1

Miss zunächst die Fläche aus, auf der du dein Hochbeet platzieren möchtest. Sobald du festgelegt hast, welche Maße dein Hochbeet haben soll, kannst du die Holzbalken mit einer Handkreissäge entsprechend zusägen.

Um Stabilität zu schaffen, werden die Balken später versetzt angeordnet und sind deshalb nicht alle gleich lang. Ziehe bei allen Balken das Maß der Balkenstärke ab.

Hinweis

Wenn du überlappend auf Maß arbeitest, denke bei der Berechnung der Seitenlängen daran, jeweils eine Balkenstärke abzuziehen.

SCHRITT 2

Schleife die verwitterte Lasur und ggf. alte Farbreste mit einem Schwingschleifer ab. Verwende grobes Schleifpapier und arbeite nicht zu gründlich, um einen gewissen „shabby look" zu erhalten.

SCHRITT 3

Ordne die abgeschliffenen Holzbalken versetzt an und verschraube sie mit einem 90-Grad-Montagewinkel.

SCHRITT 4

Da dein Hochbeet, genau wie unseres, vermutlich nicht auf dem Erdboden steht und überschüssiges Wasser nicht einfach nach unten ablaufen kann, ist es sinnvoll, einen Boden einzubauen. Nimm dazu einfach Schalbretter oder eine Holzplatte und verschraube sie mittels Senkkopfschrauben mit dem Rahmen des Hochbeetes. Lass rundherum zwei Zentimeter frei.

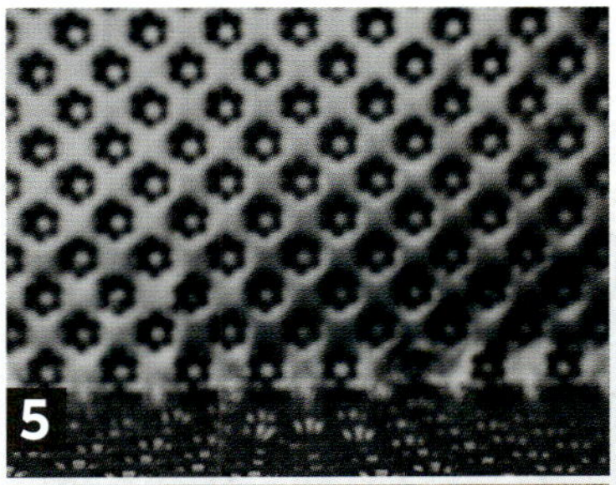

5

6

7

8

SCHRITT 5

Als Auskleidung des Innenraums haben wir uns für eine Noppenfolie ohne Weichmacher entschieden. Diese schneidest du in der entsprechenden Größe zurecht und befestigst sie mit kleinen Nägeln an den Seiten. Sie schützt das Holz vor Nässe und Verwitterung, sodass es länger hält.

SCHRITT 6

Nun kannst du dein fertiges Hochbeet von außen mit einem umweltfreundlichen Holzschutzmittel, mit Leinöl oder einer natürlichen Kaffeebeize (siehe Seite 78) streichen. So schützt du das Holz vor Feuchtigkeit und erhöhst seine Lebensdauer.

SCHRITT 7 (OPTIONAL)

Möchtest du verschiedene Pflanzen anbauen, die unterschiedliche Erde benötigen, macht es Sinn, eine Trennwand in dein Hochbeet einzuziehen, um zwei oder sogar vier Parzellen zu schaffen. Diese kannst du ebenfalls mit Montagewinkeln befestigen. Unser Kräuterbeet hat beispielsweise eine Seite mit eher trockenem, sandigem Boden und eine, die mit feuchter, humusreicher Erde gefüllt ist.

SCHRITT 8

Damit du dein Hochbeet noch flexibler nutzen und mehr Pflanzen anbauen kannst, gibt es eine Reihe praktischer Erweiterungen und Zusatzaufbauten wie Rankhilfen und Stützgerüste für Erbsen und Bohnen oder sogar Glasabdeckungen. Diese verwandeln dein Hochbeet in ein Minigewächshaus, sodass du noch zeitiger im Jahr mit dem Anbau beginnen kannst.

Hier findest du die Anleitung zum Bau einer Glasabdeckung: **www.globusliebe.com/hochbeet-bauen**

NATÜRLICHE Kaffeebeize

Falls dein Beet überdacht ist und nicht schutzlos im Regen steht, kannst du das Holz mit einer natürlichen Beize ganz ohne Chemie streichen. Wir haben dazu grünen Tee, schwarzen Tee und Kaffee ausprobiert. Die Kaffeebeize hat uns aufgrund des doch etwas intensiveren, aber trotzdem sanften Brauntons am besten gefallen.

DAS BRAUCHST DU

- ca. 6 EL Kaffeepulver
- 500 ml kochendes Wasser
- Sieb oder eine French Press

so geht's

SCHRITT 1

Übergieße etwa sechs Esslöffel Kaffeepulver mit 500 ml kochendem Wasser. Je mehr Kaffeepulver du verwendest, desto dunkler werden die Beize und das Holz.

SCHRITT 2

Lass die Brühe abkühlen, siebe den Kaffeesatz ab (du kannst auch mit einer French Press arbeiten) und trage die Beize anschließend mit einem Pinsel aufs Holz auf. Bei Bedarf kannst du später noch eine zweite Schicht auftragen.

HOCHBEET *befüllen*

Die Füllung, also das Material, in dem deine Pflanzen im Hochbeet wachsen, hat verschiedene Aufgaben. Es gibt den Wurzeln Halt, speichert Wasser und gibt wichtige Nährstoffe an die Pflanzen ab. Die Füllung wird dabei von unten nach oben immer feiner.

SCHICHTWEISER AUFBAU

Das Befüllen des Hochbeets erfolgt schichtweise, wobei jede Schicht etwa 25 bis 30 Zentimeter stark sein sollte. Die Zersetzungsprozesse im frisch befüllten Hochbeet erzeugen Wärme und können die Bodentemperatur um bis zu 8 °C erhöhen. Dadurch kann die Anbausaison früher beginnen, und deine Gemüsepflänzchen haben beste Startvoraussetzungen.

SCHICHT 1: STRAUCHSCHICHT

Für die erste Schicht eignet sich grobes Material wie zum Beispiel Gehölzschnitt (Äste und Zweige), natürliche Tonerde (Blähton) oder Perlit. Diese Schicht bildet eine Drainage. Sie verhindert, dass sich am Boden des Beetes zu viel Regen- oder Gießwasser ansammelt und es zu Staunässe kommt. Außerdem sorgt die Strauchschicht dafür, dass die Grünabfälle von unten gut durchlüftet werden und sich gleichmäßig zersetzen können. Falls du Zweige und Äste verwendest, solltest du die Schicht gut andrücken, damit dein Beet später nicht zu rasch zusammensackt, wenn die unterste Schicht verrottet.

>> Blähton eignet sich gut als Drainage

SCHICHT 2: NÄHRSCHICHT

Für die nächste Schicht eignet sich Kompost oder Laub. Das organische Material zersetzt sich mit der Zeit und sorgt für einen kontinuierlichen Nachschub an Nährstoffen. Wir haben in einem unserer Hochbeete auch Pferdemist untergemischt und damit bisher sehr gute Erfahrungen gemacht.

SCHICHT 3: PFLANZSCHICHT

Die oberste Schicht richtet sich stark nach dem, was du anpflanzen möchtest. Wähle zum Beispiel Gemüseerde für Gurken und Tomaten, Kräutererde – mit oder ohne Sand gemischt – für mediterrane Kräuter usw.

Aus Erfahrung wissen wir, dass eine qualitativ hochwertige Bio-Erde immer die beste Wahl ist. Wenn du also beim Kauf vor der Entscheidung stehst, wähle immer die bessere, wenn auch etwas teurere Erde. Nicht nur deine Pflanzen werden es dir danken, sondern auch du wirst am Ende viel mehr davon haben als von einem qualitativ schlechteren Billigprodukt.

Genau wie bei der Anzuchterde (siehe Seite 32) solltest du der Umwelt zuliebe darauf achten, dass deine Erde zu 100 Prozent torffrei ist.

NEUSCHICHTUNG IM ALTER

Im Hochbeet finden laufend Verrottungsprozesse statt, die dazu führen, dass das Erdreich mit der Zeit absackt. Bereits im ersten Jahr können es bis zu 20 cm sein. Deshalb ist es nötig, vor jedem neuen Bepflanzen frische Bio-Erde aufzufüllen. Nach fünf bis sieben Jahren ist dieser Schichteffekt jedoch komplett verbraucht, und es wird Zeit, die ganze Füllung auszutauschen. Du wirst erstaunt sein, dass sich das organische Material bis dahin vollständig zersetzt hat. Die alte Erde kann man zur Bodenverbesserung im Garten oder in Pflanztöpfen verwenden.

Im entleerten Zustand kannst du gut den Zustand der Noppenfolie überprüfen und sie bei Bedarf ausbessern oder ersetzen. Dann wird wieder neu geschichtet, und du kannst die nächsten Jahre wieder unbeschwert deine Gemüse und Kräuter anbauen.

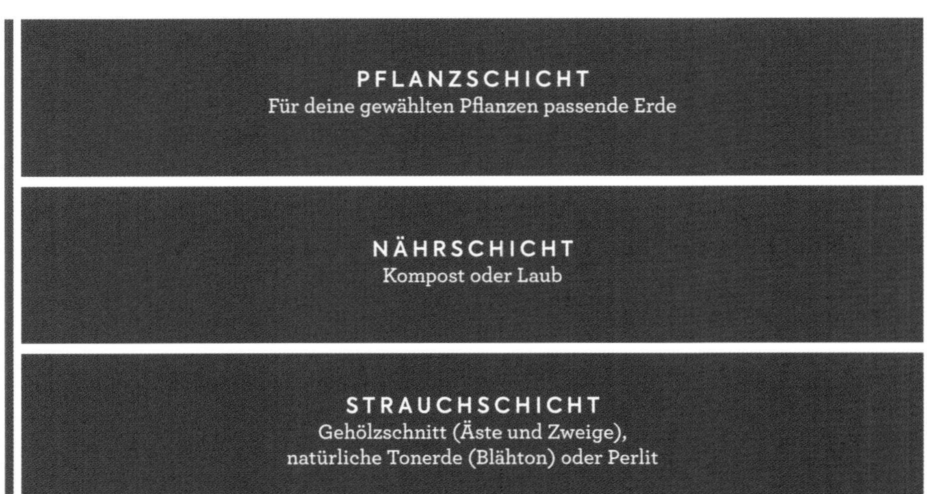

Gemüse

Den Traum eines hundertprozentigen Selbstversorgerlebens, bei dem du deinen kompletten Jahresbedarf an frischen Lebensmitteln selbst anbaust, kannst du dir auf einem Balkon zwar nicht verwirklichen, aber um Perfektion geht es doch auch gar nicht. Wir zeigen dir, wie du leckeres Gemüse auf kleinem Raum anbauen kannst, und geben dir tolle Rezeptideen an die Hand.

„Wo Blumen blühen,
da lächelt die Welt.“

Ralph Waldo Emerson

Gärtnern AUF **KLEINEM RAUM**

Wenn der Platz für ein Hochbeet nicht ausreicht oder es aufgrund der Traglast deines Balkons nicht möglich ist, eins aufzustellen, bedeutet das nicht, dass du auf den Anbau von Nutzpflanzen verzichten musst. Tomaten, Chili, Zucchini, Paprika, Salat, Radieschen und Kräuter lassen sich ebenso in Kübeln, Blumentöpfen und Balkonkästen anbauen. Auch alte Wein- und Obstkisten, Eimer, Töpfe, Zinkwannen und andere Gefäße kannst du problemlos bepflanzen.

FÜR JEDES **GEMÜSE** DAS **PASSENDE GEFÄSS**

Ein Plätzchen für dein Lieblingsgemüse findet sich immer. Du musst nur ein bisschen fantasievoll mit den vorhandenen Gegebenheiten spielen.

BALKONKASTEN ZUR SALATBAR MACHEN

Wer sagt denn, dass in Balkonkästen immer nur Geranien und andere Blumen wachsen müssen? Wie wäre es stattdessen zum Beispiel mit Pflücksalat? Er kommt mit wenig Platz zurecht, und anders als beim Kopfsalat kannst du beim Pflücksalat über einen längeren Zeitraum immer nur so viele Blätter ernten, wie du auch wirklich benötigst. Sofern du das Herz in der Mitte nicht beschädigst, wächst der Pflücksalat weiter und liefert ständig neue knackige Blätter nach.

Passende Salatkräuter wie Thymian, Rosmarin und Oregano kommen selbst mit dem geringen Substratangebot in kleinen Balkonkästen gut klar, denn sie vertragen Trockenheit und lieben Sonne und Wärme.

FRÜCHTE AUS DER HÄNGEAMPEL

Eine platzsparende Lösung für den kleinen Naschgarten auf dem Balkon sind zudem Hängeampeln. Snackgurken und Hängetomaten gedeihen gut in luftig installierten Gefäßen. Reserviere ihnen einen sonnigen, möglichst windgeschützten Standort.

Mehrmals tragende Walderdbeeren lassen ihre Triebe aus einer Hängeampel weit herabhängen. Sie fühlen sich auch im Halbschatten wohl.

SICHTSCHUTZ ZUM GENIESSEN

Du möchtest deinen Freiluftsitz vor neugierigen Blicken schützen? Anstelle einer Schilfmatte oder einer Stoffbespannung können auch kletternde Gemüsearten für Sichtschutz sorgen. Stelle geräumige Holzkisten oder Terrakotta-Kästen vor das Geländer und pflanze Tomaten, Erbsen oder Bohnen. Die Gitterstäbe kannst du gleich als Kletterhilfe nutzen, indem du die Pflanzentriebe daran hinaufleitest.

KLETTERNDE ARTEN UNTERPFLANZEN

Nutze die unterschiedlichen Wuchsformen deiner Gemüsepflanzen aus und kombiniere sie clever und platzsparend in größeren Gefäßen. Beispielsweise empfiehlt es sich, hohe Tomaten mit Basilikum zu unterpflanzen. Wie praktisch, dass beide auch auf dem Teller perfekt harmonieren.

Hinweis

Wichtig ist, dass alle Gefäße, die du bepflanzt, mit einem Wasserablauf und einer Drainageschicht ausgestattet sind, damit keine Staunässe entsteht und die Wurzeln nicht faulen. Wir decken die Wasserabzugslöcher mit Tonscherben von zerbrochenen Blumentöpfen ab und verwenden als Drainage gerne Blähton oder Kieselsteine. Je nach Gefäßgröße sollte die Dränageschicht zwei bis zehn Zentimeter hoch sein.

>> **Bild links:** *Minze in der Zinkwanne*
>> **Bild oben:** *Paprika in Töpfen*

UNSERE **TIPPS** FÜR *Tomaten*

Hier findest du unsere besten Tipps für den Tomatenanbau – von der Anzucht aus dem Samenkorn bis zur Ernte der sonnenwarmen Früchte.

>> *Eine Hand voll Ernteglück*

#1 PIKIEREN: Kleine Tomatenpflanzen benötigen viel Platz, um kräftig wachsen zu können. Sobald die Samen in der Anzuchterde gekeimt sind und ihr erstes Blattpaar entwickelt haben, solltest du sie in einen größeren Topf umpflanzen. Wichtig ist, dass du sie beim Umpflanzen tiefer setzt, damit die Pflanze oberflächennahe Wurzeln bilden kann.

#2 EINPFLANZEN: Tomaten sind sehr kälteempfindlich. Bevor du sie ins Hochbeet oder in einen großen Kübel nach draußen pflanzt, warte unbedingt die Eisheiligen Mitte Mai ab. Die Pflanze wird beim Umpflanzen ein zweites Mal tiefer gesetzt.

#3 RÜTTELN: Normalerweise übernehmen der Wind und Insekten die Bestäubung der sich selbst befruchtenden Tomaten. Um diesen natürlichen Bestäubungsmethoden etwas unter die Arme zu greifen, rütteln wir an unseren Tomatenpflanzen, sobald die Pflanzen zu blühen beginnen. Dadurch werden die Pollen in der Blütenspitze gelöst und in der Blüte verteilt.

#4 STANDORT: Wähle einen warmen, sonnigen Platz für deine Tomatenpflanzen aus. Damit sie vor Wind und Regen geschützt sind, ist es sinnvoll, sie unter einem Dachüberstand zu platzieren oder ihnen ein kleines Dach zu bauen. Stehen Tomaten im Freien und bekommen zu viel Regen ab, werden sie häufig von Braunfäule befallen.

#5 GEDULD: In der Ruhe liegt die Kraft. Tomaten brauchen etwa 70 bis 90 Tage, bis du die ersten reifen Früchte ernten kannst. Das Warten lohnt sich!

#6 SCHÜTZEN: Ab einer Höhe von 70 Zentimetern solltest du die unteren Blätter abschneiden. Sie bekommen wenig Sonne ab und sind daher schwach. Für Schädlinge, die sich in der Erde entwickeln können, sind schwache Blätter ein gefundenes Fressen. Von dort ist es ihnen ein Leichtes, die ganze Pflanze zu befallen.

#7 HOCHBINDEN: Damit die Stängel nicht unter der Last der Früchte zusammenbrechen oder abknicken, binden wir unsere Tomaten mithilfe von Bambusstäben und Schnüren hoch.

#8 AUSGEIZEN: Regelmäßiges Entfernen der Seitentriebe in den Blattachseln sorgt dafür, dass sich die Pflanze auf ihre Haupttriebe konzentrieren kann und die Früchte besser ausreifen.

#9 MISCHKULTUR: Kapuzinerkresse wächst bei uns immer neben den Tomaten, denn sie zieht Blattläuse an und hält die Schädlinge dadurch von den Tomaten fern.

#10 DÜNGEN: Tomaten sind Starkzehrer und benötigen eine regelmäßige Zugabe von Nährstoffen. Wir düngen unsere Pflanzen einmal pro Woche mit unserer selbst gemachten Brennnesseljauche (Seite 60).

>> ***Bild oben:*** *Patrick bindet die Tomatenpflanzen mit Schnüren fest*
>> ***Bild rechts:*** *Wir ernten unsere Tomaten, wenn sie vollständig durchgefärbt sind*

Tomaten-
SOSSE

Wir bereiten sie gleich auf Vorrat zu, denn auch im Winter freuen wir uns über eine Portion Pasta mit der Soße aus unseren eigenen, sonnengereiften Tomaten.

ZUTATEN

1 kg Tomaten

1 Zwiebel

2 Knoblauchzehen

frische Kräuter, z. B. Rosmarin, Thymian, Oregano, Basilikum

35 ml Olivenöl

Salz, Pfeffer, Chili

ZUBEREITUNG

Tomaten waschen, grüne Stielansätze entfernen und halbieren. Zwiebel und Knoblauch schälen und würfeln. Kräuter klein schneiden.

Olivenöl in einem Topf erhitzen und Zwiebeln darin andünsten, bis sie glasig sind. Knoblauch hinzugeben und nur ganz kurz andünsten. Tomaten und Kräuter hinzugeben und aufkochen lassen.

Das Ganze auf kleiner Hitze etwa 20–30 Minuten köcheln lassen, bis die Soße langsam eindickt. Regelmäßig umrühren. Mit dem Stabmixer pürieren. Nach Belieben mit Salz, Pfeffer und Chili abschmecken.

Möchtest du die Soße länger haltbar machen, fülle sie in ausgekochte, sterile Gläser ab. Gib einen guten Schuss Olivenöl als Abschluss obendrauf, verschließe die Gläser und bewahre sie im Kühlschrank auf. Noch länger haltbar ist die Soße, wenn du sie in kleinen Portionen einfrierst.

UNSERE **TIPPS** FÜR

Gurken

Knackige Gurken aus eigener Ernte sind eines unserer liebsten Gemüse. Wir haben für dich unsere besten Tipps für den Anbau von Gurken zusammengefasst.

>> Je häufiger du erntest, desto schneller wachsen neue Gurken nach

#1 GEFÄSS: Unsere Gurkenpflanzen wachsen im Hochbeet. Der Anbau ist aber ebenso im Pflanzkübel möglich. Dieser sollte mindestens 25 Zentimeter hoch sein und einen Durchmesser von etwa 30 Zentimetern haben.

#2 ERDE: Gurken sind Starkzehrer und benötigen nährstoffreiche Erde. Sie sollte humusreich und locker sein. Wir haben unser Hochbeet mit einer Mischung aus Bio-Gemüseerde und Pferdemist gefüllt.

#3 STANDORT: Gurken bevorzugen einen warmen, sonnigen und windgeschützten Standort. Bei uns sind sie durch das Dach vor Witterungseinflüssen geschützt.

#4 GIESSEN: Sie bestehen zu 97 Prozent aus Wasser. Regelmäßiges Gießen ist deshalb sehr wichtig. Achte jedoch darauf, dass keine Staunässe entsteht.

#5 RANKHILFE: Gurken wollen hoch hinaus. Wir haben ihnen deshalb eine ganz einfache Rankhilfe gebaut und lassen sie an Kordeln nach oben wachsen. Die Rankhilfe hält die Blätter und Früchte zudem vom Boden fern und beugt somit Pilzerkrankungen vor.

#6 DÜNGEN: Wir düngen unsere Gurkenpflanze regelmäßig mit Brennnesseljauche (Seite 60). Sie enthält nicht nur eine optimale Nährstoffkombination, sondern vertreibt zusätzlich ungebetene Gäste.

#7 ERNTEN: Sobald die Gurken reif sind, kannst du sie mit einem Messer am Stiel abschneiden. Je häufiger du erntest, desto schneller wachsen neue Früchte nach. Im Sommer kannst du etwa alle zwei bis drei Tage eine neue Gurke ernten.

*>> **Bild links:** Ein stabiler Holzrahmen mit Kordeln dient als Rankhilfe*
*>> **Bild oben:** Der üppige Wuchs zeigt, dass es unseren Gurken gut geht*

Gurken-
LIMETTEN-LIMONADE

An heißen Sommertagen gibt es nichts Erfrischenderes als unsereGurken-Limetten-Limonade.

ZUTATEN

4 Salatgurken
5 Limetten
Agavendicksaft
ca. 1 l Sprudelwasser
Eiswürfel
frische Minze

ZUBEREITUNG

Gurken schälen, halbieren und die Kerne mit einem Löffel entfernen. Dann in grobe Stücke schneiden und mit etwas Wasser im Mixer zerkleinern. Die Gurkenbrühe durch ein feines Sieb abgießen.

Limetten auspressen und den Saft hinzugeben. Nach Belieben mit Agavendicksaft süßen.

Mit eiskaltem Sprudelwasser aufgießen und, mit Eiswürfeln und frischen Minzblättchen dekoriert, servieren.

REZEPT

Gurken EINLEGEN

Um Gurken lange haltbar zu machen, empfehlen wir das Einlegen in Essig. Am allerbesten eignen sich dazu Einlege- oder Gewürzgurken. Mit Salatgurken funktioniert es aber ebenso.

ZUTATEN

1 kg Gurken
1 Zwiebel
2 Knoblauchzehen
1 Bund Dill
1 l Wasser
500 ml Weißweinessig
2 EL Salz
Senfkörner
bunte Pfefferkörner

ZUBEREITUNG

Gurken waschen und in Spalten oder Scheiben schneiden. Zwiebel und Knoblauch schälen und in Ringe bzw. kleine Stücke schneiden. Dill waschen und in kleine Zweige teilen.

Wasser, Essig und Salz in einem Topf zum Kochen bringen. Währenddessen ausgekochte, sterile Gläser mit Gurken, Dill, Zwiebelringen, Knoblauch, Senf- und Pfefferkörnern füllen.

Den kochenden Essigsud randvoll in die Gläser gießen und verschließen.

Nun kannst du die Gläser an einem kühlen, dunklen Ort aufbewahren. In der Regel halten sie bis zu einem Jahr, bis es wieder neue Gurken aus dem eigenen Anbau gibt.

UNSERE **TIPPS** FÜR *Zucchini*

Sie gehören zur produktivsten Gemüsesorte auf unserer Dachterrasse. Den ganzen Sommer über können wir reichlich ernten. Hier kommen unsere besten Tipps für den Anbau von Zucchini – von der Aussaat bis zur Ernte!

>> Die Zucchiniblüte ist eine Schönheit

#1 AUSSAAT: Mitte April kannst du damit beginnen, deine eigenen Zucchinipflanzen auf der Fensterbank vorzuziehen. Nimm dir zwei Samen deiner Lieblingssorte (für kleine Balkone empfehlen wir Kletterzucchini), lege sie in einen Topf mit Anzuchterde und bedecke sie mit Erde. Nach etwa einer Woche beginnen sie zu keimen.

#2 ABHÄRTEN: Um sie an die Bedingungen im Freien zu gewöhnen, stelle deine Jungpflanzen anfangs nur tagsüber an die frische Luft. Achte darauf, dass sie keine direkte Sonne abbekommen.

#3 EINPFLANZEN: Mitte Mai können die Jungpflanzen dann in nährstoffreiche Bio-Erde ausgepflanzt werden. Da sie sehr raumgreifend wachsen, geben wir ihnen einen Extra-Kübel. Dieser sollte ein Fassungsvermögen von mindestens 30 Litern haben.

#4 STANDORT: Wähle einen warmen, sonnigen und möglichst windgeschützten Platz für deine Südländer.

#5 GIESSEN: Vor allem bei einer Topfkultur ist es sehr wichtig, ausreichend zu wässern. Achte beim Gießen darauf, dass das Gießwasser nicht eiskalt ist und du nur den Wurzelbereich wässerst.

#6 MULCHEN: Eine etwa 5 cm hohe Schicht aus Stroh und getrocknetem Rasenschnitt verhindert, dass die Erde zu schnell austrocknet, und spart Gießwasser. Alternativ kannst du auch Tomatenblätter nehmen.

#7 BESTÄUBEN: Schnapp dir einen kleinen, weichen Pinsel und hilf ein wenig bei der Befruchtung der Blüte nach, indem du den Pollen von der männlichen Blüte auf die Narbe der weiblichen Blüte überträgst.

#8 DÜNGEN: Zucchini sind Starkzehrer und benötigen eine regelmäßige Zugabe von Nährstoffen. Wir düngen unsere Pflanzen einmal pro Woche mit unserer selbst gemachten Brennnesseljauche (Seite 60).

#9 ERNTEN: Lass deine Zucchini nicht zu groß werden, sonst besteht die Gefahr, dass sie holzig schmecken. Junge Zucchini sind viel zarter.

>> *Höchste Zeit für die Ernte!*

Zucchini-PUFFER

Zucchini lassen sich vielfältig in der Sommerküche verwenden. Sie schmecken frisch, gedünstet oder gebraten. Für eines unserer Lieblingsgerichte raspeln wir sie klein.

ZUTATEN

2–3 Zucchini (ca. 850 g)

3 TL Salz

frische Kräuter (z. B. Petersilie, Schnittlauch)

1 Zwiebel

2 Knoblauchzehen

30 g Weizenmehl

20 g Kartoffel- oder Maisstärke

Pfeffer

Pflanzenöl

ZUBEREITUNG

Zucchini waschen und grob raspeln. Die Raspel mit 3 TL Salz in eine Schüssel geben, mischen und 10 Minuten ziehen lassen.

In der Zwischenzeit Kräuter fein hacken, Zwiebel und Knoblauch schälen und möglichst klein schneiden.

Die restliche Flüssigkeit der Zucchiniraspel durch ein Küchentuch auspressen. Die Raspel mit den anderen Zutaten, Mehl, Stärke und Pfeffer (oder anderen Gewürzen), in eine Schüssel geben. Dann das Ganze mit den Händen durchkneten.

Pflanzenöl in der Pfanne erhitzen. Mit leicht befeuchteten Händen Puffer formen und bei mittlerer Hitze in der Pfanne von beiden Seiten knusprig braun braten.

Wir servieren sie gerne mit frischem Kräuterquark.

Kräuter

Frische, aromatische Kräuter bereichern jedes Gericht. Außerdem lassen sich aus ihnen Tees, Gewürzmischungen, Salben, Öle, Räuchergut und vieles mehr herstellen. Damit du deine Kräuter immer frisch zur Hand hast, bietet es sich an, sie auf Balkon und Terrasse anzubauen.

„Der Weg zur Gesundheit
führt durch die Küche,
nicht durch die Apotheke.“

(Sebastian Kneipp)

>> *Abschneiden der Triebspitze*

Basilikum

Er ist einjährig und lässt sich leicht selbst ziehen. Sein intensiver Duft ist unverwechselbar.

Auf unserer Terrasse wächst Basilikum sowohl im Kräuterbeet als auch in Töpfen. Unser Geheimnis für gesunde, buschige Pflanzen mit saftigen Blättern ist regelmäßiges Düngen mit unserer selbst gemachten Brennnesseljauche sowie regelmäßiges Ernten. Wir zupfen dabei nicht die einzelnen Blätter von den Stängeln, sondern schneiden die Triebspitzen ab, damit die Pflanze nachwachsen kann und keine Blüten bildet.

AUSSAAT	*Basilikum ist sehr kälteempfindlich. Ab Ende März kannst du ihn auf der Fensterbank vorziehen oder von Mai bis Juni (ab einer Außentemperatur von mindestens 10 °C) direkt ins Beet säen.*
BODEN	*nährstoffreich, locker, leicht feucht, wasserdurchlässig*
STANDORT	*warm, windgeschützt und hell. Pralle Mittagssonne schadet der Pflanze ebenso wie ein zugiger Standort und heftiger Regen.*
GIESSEN	*regelmäßig gießen, damit die Erde nicht austrocknet. Staunässe vermeiden, nicht die Blätter befeuchten.*
GUTE NACHBARN	*Tomaten, Oregano, Petersilie, Rosmarin*
SCHLECHTE NACHBARN	*Dill, Zitronenmelisse*
ERNTEN	*Am besten früh morgens, wenn die Pflanze das meiste Aroma hat und der Anteil an ätherischen Ölen am höchsten ist. Zupfe nicht die einzelnen Blätter vom Stängel, sondern schneide einzelne Triebspitzen mit einer feinen Schere ab.*
HALTBAR MACHEN	*Trocknen ist bei Basilikum nicht zu empfehlen, denn dafür verliert die Pflanze zu schnell ihr köstliches Aroma. Stattdessen empfehlen wir das Einlegen in Öl oder direktes Weiterverarbeiten zu Pesto.*

Basilikumpesto

Um möglichst lange von deiner Basilikumernte zu zehren, kannst du dieses leckere Pesto zubereiten.

ZUTATEN

für 2 Gläser Pesto

ca. 100 g Basilikum

2 Knoblauchzehen

ca. 50 g Parmesan / veganer Parmesanersatz

ca. 50 g Pinienkerne

ca. 150 ml kaltgepresstes Bio-Olivenöl

Saft einer halben Zitrone

Salz, Pfeffer, Chili

ZUBEREITUNG

Basilikum ernten, mit kaltem Wasser waschen, Blätter abzupfen und mit einem Tuch trocken tupfen. Knoblauchzehen schälen. Parmesan reiben oder in kleine Stücke schneiden.

Pinienkerne ohne Öl in der Pfanne rösten. Achte darauf, dass die Kerne nicht zu dunkel werden, sonst schmecken sie bitter.

Alle Zutaten zusammen mit dem Olivenöl und dem Zitronensaft in den Mixer geben. Nach Belieben mit Salz, Pfeffer und Chili würzen.

Das fertige Pesto kannst du entweder direkt als Pastasoße oder Brotaufstrich verwenden. Alternativ kannst du es zunächst in ein Schraubglas abfüllen und im Kühlschrank aufbewahren. Bedecke dazu das Pesto am Ende mit einer dünnen Schicht Olivenöl. So hält es sich mehrere Wochen.

Petersilie

Im Sommer verwenden wir frische Petersilie gerne für Salate, Dressings, Kräuterdips, Pesto, Soßen und vieles mehr.

>> *Mit der spitzen Kräuterschere lassen sich leicht ganze Stiele ernten*

AUSSAAT	Ab Februar kannst du Petersilie auf der Fensterbank vorziehen oder von März bis Juli (ab einer Außentemperatur von mindestens 15 °C) direkt ins Beet säen.
BODEN	nährstoffreich, humos, durchlässig
STANDORT	sonnig bis halbschattig
GIESSEN	feucht halten, Staunässe vermeiden
GUTE NACHBARN	Tomaten, Gurken, Zwiebeln
SCHLECHTE NACHBARN	Dill, Möhren, Fenchel
ERNTEN	Einzelne Blätter abzupfen, immer von außen nach innen. Für größere Mengen ganze Stiele bis 3 cm über dem Boden abschneiden.
HALTBAR MACHEN	Petersilie waschen, trocken tupfen und als Strauß oder klein geschnitten in einem Gefrierbeutel ins Eisfach legen.

Tipp

Damit wir auch im Winter nicht auf den frischen Geschmack verzichten müssen, frieren wir Petersilie in großen Mengen ein. Zum Teil in Dosen oder Beuteln oder mit Olivenöl in der Eiswürfelform.

Sommersalat

Wie genial ist es bitte, wenn du deinen eigenen Pflücksalat, eigene Radieschen, Tomaten, Gartenkresse, Gurken, Paprika und die essbaren Blüten der Kapuzinerkresse vom Balkon oder deiner Terrasse erntest und daraus einen leckeren Sommersalat zauberst?

ZUTATEN

Pflücksalat
Tomaten
Radieschen
Rote Zwiebeln
Schnittlauch
Petersilie
Basilikum
Olivenöl
Essig
Salz
Pfeffer
Chili
Zitronensaft
Senf
Sojajoghurt
Kapuzinerkresse

ZUBEREITUNG

Wasche den Salat und schleudere ihn trocken. Schneide die Tomaten und Radieschen in Stücke und die Zwiebeln in Ringe.

Für das Dressing bedienst du dich einfach im Kräuterbeet: Ernte ein bisschen Schnittlauch, Petersilie und Basilikum und hacke die Kräuter klein. Dann mit Olivenöl, Essig, Salz, Pfeffer, Chili, einem Schuss Zitronensaft, Senf und nach Gusto mit etwas Sojajoghurt anrühren.

Die Salatzutaten mit dem Dressing vermischen. Zum Schluss kannst du noch ein paar Kapuzinerkresse-Blüten auf deinem Salat verteilen.

Salbei

Er wird seit dem Altertum als Heilpflanze in Medizin und Küche genutzt. Der Echte Salbe ist ein mehrjähriger, aromatisch duftender Halbstrauch.

>> *Die Blätter des Echten Salbeis sind grau-grün und haben einen leicht gezähnten Rand*

AUSSAAT	Ab Februar kannst du Salbei auf der Fensterbank vorziehen oder im Mai (ab einer Außentemperatur von mindestens 15 °C) direkt ins Beet oder ins Pflanzgefäß säen.
BODEN	durchlässig, eher sandig
STANDORT	vollsonnig
GIESSEN	wenig gießen, aber nicht austrocknen lassen
GUTE NACHBARN	Rosmarin, Thymian
SCHLECHTE NACHBARN	Basilikum, Gurken
ERNTEN	Erntezeit ist von Mai bis August. Je nach Bedarf erntet man einzelne Blätter oder ganze junge Triebe. Am besten früh morgens, wenn der Gehalt der ätherischen Öle am höchsten ist.
HALTBAR MACHEN	Zum Trocknen den Salbei zu einem kleinen Strauß zusammenbinden und kopfüber nach unten aufhängen. Alternativ kannst du ihn auch einfrieren.

Räuchersticks

Als Räuchergut hat Salbei eine klärende und atmosphärisch reinigende Wirkung und kommt daher zu Beginn vieler magischer Rituale zum Einsatz. In Räucherläden kannst du häufig sogenannte Salbei Smudges, dicht gepackte Bündel aus Weißem Salbei, kaufen. Nachhaltiger und vor allem günstiger ist es, wenn du selbst Räuchersticks bindest.

DAS BRAUCHST DU

- Salbeistiele
- evtl. Lavendel- und Rosmarinstiele
- Juteband oder Hanfgarn

>> Bild oben: *Schon beim Binden verströmen die Sticks ein herrliches Aroma*
>> Bild rechts: *Wir wickeln immer gleich einen kleinen Vorrat*

so geht's

SCHRITT 1

Binde mehrere Salbeistiele mit einem Faden aus natürlichem, unbehandeltem Material (z.B. Jute oder Hanfgarn) zusammen und wickle sie bis zu den obersten Blattspitzen ein. Wir packen auch gerne Lavendel und Rosmarin dazu.

SCHRITT 2

Lass die Sticks für zwei Wochen an einem warmen, trockenen, luftigen Ort gut durchtrocknen und bewahre sie anschließend in einer Box auf, damit sie möglichst wenig ihrer ätherischen Öle verlieren und nicht verstauben.

SCHRITT 3

Die fertigen Salbeisticks kannst du nun zum Räuchern verwenden, zum Beispiel zu Beginn einer Meditation.

Kapuzinerkresse

Von der einjährigen Kletterpflanze kann man sowohl die Blätter als auch die Blüten in der Küche verwenden.

AUSSAAT	Ab März auf der Fensterbank vorziehen oder ab Mitte Mai (nach den Eisheiligen) direkt draußen einsäen.
BODEN	nährstoffreich und leicht feucht
STANDORT	sonnig bis halbschattig
GIESSEN	regelmäßig gießen, aber nicht austrocknen lassen
GUTE NACHBARN	Bohnen, Erbsen, Gurken, Tomaten
SCHLECHTE NACHBARN	Kräuter
ERNTEN	Die scharf-würzigen Blüten eignen sich perfekt zum Verzieren von Salat, die Blätter als Zutat.

>> Große Trichterblüten und nahezu runde Blätter machen die Kapuzinerkresse unverwechselbar

>> Blätter und Blüten enthalten Senfölglykoside, die für den leicht bitteren Geschmack verantwortlich sind.

(Vegane) KAPUZINERKRESSE-Butter

Der würzige Brotaufstrich ist der Hit bei Grillabenden.

ZUTATEN

250 g Butter oder Margarine

eine Handvoll Kapuzinerkresse (Blüten und Blätter)

Schnittlauch

Petersilie

Salz, Pfeffer, Chili

ZUBEREITUNG

Alle Zutaten klein schneiden und mit dem Pürierstab mit der weichen Butter vermengen. Nach Belieben würzen.

Lavendel

Echter Lavendel wächst als aromatisch duftender Halbstrauch, der eine lange Tradition als Heilpflanze hat und wegen seiner Duftstoffe angebaut wird.

>> Die Lavendelblüten sind bei Bienen und Hummeln heiß begehrt

AUSSAAT	Februar bis März direkt ins Beet
BODEN	nährstoffarm, kalkhaltig, sandig
STANDORT	vollsonnig
GIESSEN	Nur gießen, wenn Erde nahezu ausgetrocknet. Staunässe vermeiden.
GUTE NACHBARN	Rosmarin, Thymian, Oregano
SCHLECHTE NACHBARN	–
ERNTEN	Kurz vor dem Aufblühen ist die optimale Erntezeit für Lavendel. Etwa 10 cm unterhalb der Blüte abschneiden.

>> Lavendel duftet intensiv

Lavendelbad

Ein herrlich duftendes Lavendelbad wirkt beruhigend und ist besonders am Abend vor dem Schlafengehen eine echte Wohltat.

DAS BRAUCHST DU

- 100 g getrocknete Lavendelblüten

so geht's

SCHRITT 1

Lavendelblüten in einen Topf geben, mit Wasser übergießen und zum Kochen bringen.

SCHRITT 2

Bei mittlerer Hitze etwa 10 Minuten zugedeckt köcheln lassen.

SCHRITT 3

Lavendelblüten abseihen und den duftenden Sud ins Badewasser geben.

*>> **Bild oben:** Lavendelblüten zum Kochen bringen*
*>> **Bild rechts:** Ein Lavendelbad beruhigt und entspannt*

Zitronenverbene

Der ausdauernde, aber leider nicht winterharte Strauch stammt aus Südamerika und wird bei uns am besten als Kübelpflanze gezogen. Auf unserer Dachterrasse gedeiht er auch im Hochbeet wunderbar.

>> Durch regelmäßiges Abernten verzweigt sich die Zitronenverbene sehr schön

AUSSAAT	Februar bis März direkt ins Beet
BODEN	nährstoffarm, durchlässig, humos
STANDORT	vollsonnig
GIESSEN	Mäßig gießen, aber nicht austrocknen lassen.
GUTE NACHBARN	Rosmarin, Thymian
SCHLECHTE NACHBARN	Basilikum, Gurken
ERNTEN	Blätter kannst du nach Bedarf frisch ernten.
HALTBAR MACHEN	Die einzelnen Blätter trocknen lassen und dann in einem dunklen Schraubglas aufbewahren.

>> Frisch aus dem Hochbeet geerntet

REZEPT

Kräutertee

Ein Tee aus Zitronenverbene schmeckt nicht nur erfrischend, sondern wirkt auch antibakteriell und antioxidativ. Deshalb tut er gut bei Erkältungen und Verdauungsproblemen.

ZUTATEN

2 TL getrocknete Zitronenverbene oder 3–5 frische Blätter

1 TL getrocknete Minze

ZUBEREITUNG

Übergieße die Blätter mit kochendem Wasser und lass den Tee etwa 5–8 Minuten ziehen.

Je nach persönlichem Geschmack kannst du die Zitronenverbene auch wunderbar mit Minze mischen.

>> Wir lieben es, einen Vorrat an Kräutertees anzulegen

Thymian

Der kleinblättrige Halbstrauch stammt aus dem Mittelmeerraum und wächst bevorzugt auf kargem, steinigem Untergrund.

>> Manchmal müssen wir einfach drüberstreicheln, um den würzigen Thymianduft in die Nase zu bekommen

AUSSAAT	*Vorkultur ab März, von April bis Mai direkt ins Beet*
BODEN	*nahrhaft, durchlässig*
STANDORT	*sonnig*
GIESSEN	*regelmäßig gießen*
GUTE NACHBARN	*Rosmarin, Salbei*
SCHLECHTE NACHBARN	*Basilikum*
ERNTEN	*Junge Triebe können regelmäßig geerntet werden. Der beste Zeitpunkt dafür ist vor Blühbeginn.*
HALTBAR MACHEN	*10 bis 15 cm lange Triebe werden abgeschnitten und kopfüber aufgehängt.*

>> Fürs Trocknen schneidet man die Thymianstiele bodennah ab

Erkältungs-
BALSAM

Dank seiner antibakteriellen und entzündungshemmenden Eigenschaften findet Thymian auch als Heilpflanze Verwendung.

DAS BRAUCHST DU

für 2 kleine Gläschen

- 20 g Sheabutter
- 20 g Kokosöl
- 5 g Bienenwachs
- 15 g frischer Thymian

>>Der Erkältungsbalsam hilft beim Durchatmen

so geht's

SCHRITT 1

Sheabutter, Kokosöl und Bienenwachs in ein hitzebeständiges Glas geben und bei geringer Hitze im Wasserbad erwärmen, bis die Masse flüssig ist. Thymian fein hacken, hinzugeben und gut verrühren.

SCHRITT 2

Glas aus dem Wasserbad nehmen und abkühlen lassen. Sobald das Gemisch fest geworden ist, das Glas verschließen und bei Zimmertemperatur 10 Tage ziehen lassen.

SCHRITT 3

Glas erneut im Wasserbad erwärmen, bis die Masse flüssig ist. Das Gemisch durch ein Tuch abseihen.

SCHRITT 4

Fertigen Erkältungsbalsam in sterile Glastiegel füllen und im Kühlschrank aufbewahren.

Tipp

Bei Erkältungsbeschwerden die Salbe einfach auf die Brust oder unter die Nase reiben. Da sie ohne starke ätherische Öle wie Pfefferminze oder Eukalyptus auskommt, ist sie sogar für Kinder geeignet.

Rosmarin

Der immergrüne, stark duftendende Halbstrauch wurde schon in der Antike als Weihrauch-Ersatz für rituelle Räucherungen verwendet.

AUSSAAT	*Januar bis Mai, Vorkultur im Gewächshaus oder einer Anzuchtschale notwendig*
BODEN	*etwas sandig*
STANDORT	*vollsonnig bis sonnig*
GIESSEN	*wenig, toleriert auch längere Trockenphasen*
GUTE NACHBARN	*Oregano, Thymian, Salbei*
SCHLECHTE NACHBARN	*Senf, Estragon*
ERNTEN	*Triebe ganz abschneiden oder einzelne Nadeln abbrechen*
HALTBAR MACHEN	*Ca. 10–20 cm lange Triebe bündeln und kopfüber an einer Schnur aufhängen*

>> Manchmal wirken Rosmarinzweige wie kleine Tannenbäumchen

>> An warmen, sonnigen Tagen enthalten die Blätter am meisten ätherische Öle

Rosmarin-KARTOFFELN

REZEPT

Sie sind eine ganz schnell zubereitete Beilage oder zusammen mit Quark- oder Joghurtdip auch ein eigenständiges Gericht.

ZUTATEN

für 1 Blech

800 g Kartoffeln

2 Knoblauchzehen

4 Zweige frischer Rosmarin

1 EL Bio-Olivenöl

grobes Meersalz

Pfeffer, Chili

ZUBEREITUNG

Kartoffeln nicht schälen, sondern nur waschen und der Länge nach vierteln. Die Knoblauchzehen schälen und pressen. Rosmarinnadeln gegen ihre Wuchsrichtung abstreifen.

Kartoffeln, Rosmarin und Knoblauch zusammen mit dem Olivenöl, Meersalz und Gewürzen in eine Schüssel geben und gut durchmischen.

Schüsselinhalt auf einem Backblech ausbreiten. Bei 200 °C Ober-/Unterhitze 20–30 Minuten (je nach Dicke der Kartoffelecken) backen.

Minze

Die ausdauernde Staude besitzt eine enorme Wuchskraft und kann über den Winter draußen bleiben, ohne Schaden zu nehmen.

>> Die Blätter verströmen den typischen Pfefferminzduft

AUSSAAT	März bis April direkt ins Beet
BODEN	nährstoffreich, leicht kalkhaltig
STANDORT	halbschattig
GIESSEN	regelmäßig gießen
GUTE NACHBARN	Kartoffeln, Salat, Tomaten
SCHLECHTE NACHBARN	Kamille
ERNTEN	Minze kann vom Frühjahr bis zum ersten Frost geerntet werden.
HALTBAR MACHEN	Schneide ganze Triebe der Minze auf die Hälfte zurück, binde sie zu kleinen Sträußchen und hänge sie an einer Schnur kopfüber auf.

ANBAUTIPP

Minze eignet sich perfekt für den Anbau in Kübeln oder Töpfen. Willst du das Würzkraut ins Hochbeet pflanzen, musst du unbedingt an eine Wurzelsperre denken. Minze bildet nämlich starke unterirdische Ausläufer und kann leicht andere Pflanzen verdrängen.

IDEEN MIT MINZE

Im Sommer ernten wir so viel Minze wie möglich aus unserer Zinkwanne, lassen sie trocknen und füllen die Blätter in Gläser, um im Winter Tee daraus zu machen. Außerdem setzen wir jedes Jahr eine Flasche Minzlikör mit Wodka und Kandiszucker an. An heißen Sommertagen geben wir gerne Minz-Eiswürfel in unsere Getränke.

Mojito

Ein erfrischender Mojito mit viel frischer Minze aus dem eigenen Beet passt perfekt zu einem sommerlichen Grillabend mit Freunden auf der Terrasse.

ZUTATEN

für ein Glas

1 Bio-Limette
frische Minze
2 TL brauner Rohrzucker
5 cl weißer Rum
Crushed Ice
250 ml Sprudelwasser

ZUBEREITUNG

Limette waschen, Enden abschneiden und anschließend achteln.

Limette, Minze und Rohrzucker in ein Glas geben und mit einem Cocktailstößel leicht zerdrücken.

Den weißen Rum hinzugeben.

Mit Crushed Ice und Sprudelwasser auffüllen.

Tipp

Für die alkoholfreie Variante einfach den Rum durch Limettensirup und das Sprudelwasser durch Ginger Ale ersetzen.

Kräuter
HALTBAR MACHEN

Damit du das ganze Jahr über leckere Kräuter verwenden kannst, macht es Sinn, im Sommer reichlich zu ernten und sie haltbar zu machen. Das geht entweder durch Einfrieren oder Trocknen, oder du verarbeitest die Kräuter direkt weiter zu leckeren Pestos oder Kräuterölen.

>> Nach Arten gebündelt, sind die Kräutersträußchen bereit zum Aufhängen

KRÄUTER **EINFRIEREN**

Schnittlauch, Petersilie und Basilikum sind Kräuter, die wir gerne einfrieren, um sie das ganze Jahr über zum Kochen verwenden zu können. Du kannst die Kräuter einfach ernten, möglichst klein schneiden und in Dosen oder Tüten im Gefrierfach aufbewahren.

KRÄUTER **TROCKNEN**

Kräuter zu trocknen ist die einfachste Methode, um viele der gesunden Wirkstoffe zu erhalten. Verzichte, wenn möglich, nach dem Ernten aufs Waschen, damit die Aromastoffe sich nicht verflüchtigen. Da du deine Kräuter ja im besten Fall selbst ausgesät und großgezogen hast, kannst du dir sicher sein, dass sie keine Schadstoffe enthalten. Schüttle sie gut aus, damit eventuell zwischen den Blättern versteckte Insekten herausfallen.

Wir trocknen unsere Kräuter entweder, indem wir sie zu kleinen Sträußen binden und kopfüber an den Balken unter dem Dach aufhängen (Minze, Salbei, Lavendel, Rosmarin, Thymian), oder wir breiten sie auf Küchentüchern aus (zum Beispiel die Blütenblätter der Ringelblume oder die Zitronenverbene). Wichtig ist, dass es ein trockener, dunkler Ort mit guter Luftzirkulation ist, damit sich kein Schimmel bilden kann.

>> Bild oben: *Salbei trocknen wir, an einer Schnur hängend, unter dem Dach*
>> Bild unten: *Aromareiche Kräuteröle*

Lass die Kräuter nicht zu lange hängen, sonst werden sie zu Staubfängern. Richtig getrocknet sind sie, wenn sie beim Reiben rascheln (nach etwa zwei Wochen). Nun kannst du sie in Gläser abfüllen und zum Kochen und Würzen verwenden. Getrockneter Oregano bietet sich zum Beispiel für Nudelgerichte und selbst gemachte Pizza an. Mit getrockneten Ringelblumenblüten kannst du Tee aufgießen oder Salate dekorieren. Aber nicht nur Kulinarisches, sondern auch hautpflegende Körperöle und Salben lassen sich aus getrockneten Kräutern herstellen.

KRÄUTERÖLE ANSETZEN

Um ein würziges Knoblauch-Kräuteröl herzustellen, fülle ein bis zwei Rosmarinzweige, frischen oder angedünsteten Knoblauch sowie Chilischoten in eine Glasflasche und übergieße sie mit hochwertigem Olivenöl. Lass das Ganze etwa 14 Tage an einem dunklen Ort ziehen. Filtere nun das Öl ab und verwende es zum Würzen.

Artenvielfalt SCHÜTZEN

Immer mehr Tier- und Pflanzenarten sind massiv vom Aussterben bedroht. Schuld daran sind zum größten Teil wir Menschen. Durch intensive Landwirtschaft und den Anbau von Monokulturen bringen wir ganze Ökosysteme aus dem Gleichgewicht und zerstören wichtige Lebensräume unwiederbringlich.

Wie du in deiner grünen Wohlfühloase einen kleinen, aber wichtigen Beitrag zum Erhalt der Artenvielfalt leisten kannst, möchten wir dir in diesem Kapitel zeigen.

„Wenn die Biene einmal von der Erde verschwindet, hat der Mensch nur noch vier Jahre zu leben. Keine Bienen mehr, keine Bestäubung mehr, keine Pflanzen mehr, keine Tiere mehr, keine Menschen mehr.“

(Albert Einstein)

WARUM *Insekten* SO WICHTIG SIND

Schon Albert Einstein soll im Jahr 1949 gesagt haben: „Wenn die Biene einmal von der Erde verschwindet, hat der Mensch nur noch vier Jahre zu leben.“ Ob er damit recht hatte? Immerhin sind geschätzte 90 Prozent aller Wildpflanzen weltweit auf die Bestäubung durch Tiere angewiesen. Wichtige Bestäuberarten sind Wild- und Honigbienen, Hummeln, Wespen, Schmetterlinge, Fliegen, Libellen und Käfer.

DAS MACHEN **INSEKTEN**

Tatsächlich sind die winzigen, unscheinbaren Insekten die artenreichste Gruppe aller Lebewesen und stellen gut 70 Prozent aller Tierarten weltweit. Von den etwa 48.000 in Deutschland nachgewiesenen Tierarten gehören über 33.000 zu den Insekten, und man findet sie in nahezu jedem Lebensraum. Durch ihre Vielfalt und Allgegenwärtigkeit erfüllen Insekten wichtige ökologische Funktionen:

- Insekten dienen größeren Tieren wie Vögeln, Mäusen, Fröschen oder Eidechsen als Nahrung. Finden diese Insektenfresser keine Nahrung mehr, sind auch sie vom Aussterben bedroht.

- In unseren Böden sorgen Insekten für fortlaufenden Stoffumsatz, ohne sie würden die gesamten Stoffkreisläufe in der Natur zusammenbrechen.

- Etwa 80 Prozent aller Bäume und Sträucher im Ökosystem Wald werden von Insekten bestäubt.

- Auch wir Menschen sind von den Insekten abhängig, denn nur durch ihre Bestäubungsleistung können wir Obst und Gemüse sowie wichtige Ackerkulturpflanzen ernten. Indem sie Pollen von Blüte zu Blüte tragen, sorgen die kleinen Tierchen dafür, dass sich Pflanzen vermehren können und Früchte ausbilden.

DRAMATISCHER **ARTENRÜCKGANG**

2017 veröffentlichte ein Forscherteam die „Krefelder Studie“, laut der mehr als 75 Prozent der Gesamtmasse an Fluginsekten aus Teilen Deutschlands verschwunden sind. Details zeigen, dass nicht nur die Anzahl der Insekten dramatisch abnimmt, sondern auch die Artenvielfalt massiv gefährdet ist. Laut Deutschlands größter Tierrechtsorganisation PETA gelten mehr als die Hälfte der rund 600 Wildbienenarten hierzulande als gefährdet. 16 Arten sind bereits ausgestorben.

Ebenso offenbaren die Roten Listen des Bundesamts für Naturschutz Alarmierendes: 42 Prozent der erfassten Insektenarten gelten als bestandsgefährdet, extrem selten oder bereits ausgestorben.

URSACHEN FÜR DEN INSEKTENSCHWUND

Es sind viele Faktoren, die zum Verschwinden der Insekten beitragen:

Wir bauen immer mehr Städte und Straßen und drängen die Natur dadurch immer weiter zurück. Mit der zunehmenden Besiedelung hängt auch die Lichtverschmutzung zusammen. Durch die Beleuchtung in den Städten wird der Tag-Nacht-Rhythmus sowie das Jagd- und Fortpflanzungsverhalten nachtaktiver Insekten gestört.

Wir bauen Monokulturen an, spritzen Felder und Grünanlagen mit Giftstoffen und zerstören wertvolle Lebensräume wie Hecken, Feldraine, blütenreiche Böschungen und Streuobstwiesen. Breitbandherbizide wie Glyphosat vernichten Kornblume, Mohn und Kamille, wichtige Nahrungspflanzen für Insekten.

Nicht zuletzt spielt auch der Klimawandel eine große Rolle beim Insektensterben.

*>> **Bild links:** Die Sonnenblume bietet Bienen ein reichlich gedecktes Nahrungsbuffet*
*>> **Bild rechts:** Das Bienenhotel wird gut besucht*

DAS KANNST **DU** AUF *Terrasse* UND *Balkon* **TUN**

Verzichte auf chemische Dünge- und Pflanzenschutzmittel, säe Blumen mit einfachen Blüten, die viel Nektar liefern, und hänge Insektenhotels als Nistplätze auf.

OHNE CHEMIE GÄRTNERN

Anstatt chemische Unkrautvernichter zu verwenden, die nicht nur Schädlinge, sondern auch wichtige Nützlinge töten, kannst du Unkraut von Hand jäten und natürliche Pflanzenschutzmittel, wie zum Beispiel selbst gemachte Brennnesseljauche, verwenden. Das ist meist effektiver, schont die Umwelt und lässt Insekten leben.

BIENENFREUNDLICHE PFLANZEN SÄEN

Säe bienenfreundliche Pflanzen in Töpfen, Kübeln oder Balkonkästen aus. Das sieht nicht nur schön aus, sondern bietet vielen Insekten ein buntes Buffet an abwechslungsreicher Nahrung. Zu den bienenfreundlichen Pflanzen zählen zum Beispiel Sonnenblumen, Lavendel, Mohn, Kornblumen und Kapuzinerkresse, aber auch leckere Küchenkräuter wie Thymian, Minze, Basilikum, Koriander, Borretsch, Salbei, Schnittlauch oder Zitronenmelisse.

Wichtig ist, dass die Pflanzen frei von Pestiziden sind. Hundertprozentig sicher kannst du dir leider nur sein, wenn du sie selbst aussäst oder Jungpflanzen aus Bio-Anbau kaufst, denn sogar die als bienenfreundlich ausgewiesenen Pflanzen in Baumärkten und Gartencentern werden laut Studien häufig mit Giften behandelt.

>> Kornblumen sind auf den Feldern leider selten geworden, wir geben ihnen auf unserer Terrasse ein Zuhause

NISTPLÄTZE SCHAFFEN

Um Nistplätze für Wildbienen und -wespen zu schaffen, kannst du mit relativ geringem Aufwand ein Bienen- oder Insektenhotel bauen. Die einfachsten Hotels ohne viel Schnickschnack sind dabei meist die geeignetsten. Studien haben gezeigt, dass viele der im Handel angebotenen Bauten völlig nutzlos sind.

Als Material eignen sich zum Beispiel fein geschliffene Bambusröhrchen oder Hartholz, in das du etwa drei bis acht Millimeter große Löcher bohrst. Wichtig ist, dass die Kanten nicht scharf sind, denn ansonsten verletzen die Bienen ihre zarten Flügel.

Ungeeignet sind Tannenzapfen (eignen sich, wenn überhaupt, eher für Ohrwürmer), Ziegelsteine (viel zu große Löcher) oder stark faserndes Weichholz (Flügelkiller).

BIENENTRÄNKE AUFSTELLEN

Besonders in heißen Sommern reichen Blütennektar und Morgentau nicht als Wasserlieferanten für Bienen und andere Insekten aus. Um ihnen eine Trinkmöglichkeit zu bieten, kannst du einfach eine flache Schale mit Wasser aufstellen oder einen Miniteich anlegen. Wichtig ist, dass es Landeflächen gibt. Hierfür eignen sich Steine, schwimmende Holzstücke oder Korken.

INSEKTENVERTRÄGLICHE BELEUCHTUNG

Achte beim Kauf von Lampen für den Außenbereich darauf, dass möglichst wenig Blauanteile im Licht enthalten sind. UV-, blaues und weißes LED-Licht solltest du unbedingt meiden.

>> *Das Insektenhotel braucht einen regengeschützten Standort*

DIY

Bienenhotel

Mit dieser speziell für Wildbienen konstruierten Nisthilfe bietest du den gefährdeten Arten einen wertvollen Rückzugsort.

DAS BRAUCHST DU

- Leere Konservendose
- Soda
- Bambusstäbe in verschiedenen Stärken
- Schleifpapier
- Säge

>> Die hohlen Bambusstäbe werden zu Nisthöhlen

so geht's

SCHRITT 1
Säubere die Konservendose und entferne ggf. das Etikett mit Soda.

SCHRITT 2
Entgrate die Kante vorsichtig mit Schleifpapier, damit die Bienen sich später nicht verletzen.

SCHRITT 3
Miss die Länge der Dose aus und säge die Bambusstäbe etwa 1 cm länger zu.

SCHRITT 4
Schleife die Bambusstäbe ebenfalls mit Schleifpapier glatt.

SCHRITT 5
Fülle die Dose mit den Bambusstäben und hänge sie an einem vor Regen geschützten Ort auf.

DIY Miniteich

Auch auf Balkon und Terrasse lässt sich der Traum vom eigenen Teich verwirklichen – wenn auch in etwas kompakterer Form als im Garten. Ein Miniteich dient als Tränke für Insekten und bietet somit auch einen ökologischen Mehrwert.

MATERIAL

- Großes, wasserdichtes Gefäß, z.B. Holzfass, Zinkwanne oder Mörtelkübel
- Wasserpflanzen, z.B. Wasserminze, Sumpfcalla, Schachtelhalm, Sumpfbinse
- Teichfolie
- 1 Backstein
- Pflanzkörbe
- Teicherde
- Zierkies
- 1–2 Korken

WERKZEUG

- doppelseitiges Klebeband
- Tacker oder kleine Nägel

so geht's

4

8

SCHRITT 1
Besorge dir zunächst ein Gefäß, das du als Teichbecken verwenden möchtest. Das kann eine alte Zinkwanne, ein Mörtelkübel, ein Weinfass oder Ähnliches sein. Das Gefäß sollte mindestens 30 cm tief sein. Reinige das Gefäß gründlich. Überprüfe, ob es keine Risse oder Löcher hat und auch wirklich wasserdicht ist.

SCHRITT 2
Kleide das Teichbecken mit Teichfolie aus. Befestige dazu einige Streifen doppelseitiges Klebeband auf der Innenseite, nur wenige Zentimeter unterhalb des Randes. Anschließend legst du die Teichfolie aus und drückst sie mit der flachen Hand auf das Klebeband. Die überschüssigen Falten ziehst du straff, schlägst sie um und klebst sie ebenfalls mit Klebeband am äußeren Rand des Gefäßes fest.

SCHRITT 3
Platziere den Miniteich an einem halbschattigen, windgeschützten Ort. Später, wenn er mit Wasser gefüllt ist, ist er sehr schwer!

SCHRITT 4
Lege einen sauberen Backstein in den Teich. So entstehen verschiedene Pflanzhöhen für deine Pflanzen.

SCHRITT 5
Fülle eine Schicht sauberen Kies auf den Teichgrund.

SCHRITT 6
Lege die Pflanzkörbe mit Vlies aus, damit die Teicherde später nicht ausgespült wird.

SCHRITT 7
Fülle eine dünne Schicht Kies in die Pflanzkörbe und setze die Wurzelballen der Wasserpflanzen darauf.

9

11

SCHRITT 8

Fülle die Pflanzkörbe mit Teicherde auf und decke die Erdoberfläche schließlich mit Kies ab.

SCHRITT 9

Platziere nun deine Wasserpflanzen, je nachdem in welcher Wassertiefe sie stehen müssen, auf und neben dem Backstein. Eine Sumpfdotterblume benötigt bis zu 5 cm Wassertiefe, Wasserminze eignet sich für etwa 10 cm Tiefe, und die Sumpfbinse verträgt bis zu 20 cm Wassertiefe.

SCHRITT 10

Fülle den Teich mit Wasser auf.

SCHRITT 11

Lass ein oder zwei Korken als Landeflächen für Insekten auf dem Wasser schwimmen.

DIY

Vogelfutter

Wenn die Böden frieren oder von einer dicken Schneeschicht bedeckt sind, finden bei uns überwinternde Vögel nur schlecht Nahrung. Von November bis Ende Februar macht es deshalb Sinn, das Futterangebot auf Balkon oder Dachterrasse zu erhöhen.

DAS BRAUCHST DU

- Kokosfett oder Rindertalg
- Haferflocken
- Sonnenblumenkerne
- ungesalzene Erdnüsse

so geht's

SCHRITT 1
Erwärme das Fett in einem Topf, bis es schmilzt.

SCHRITT 2
Gib so viele Körner und Nüsse hinzu, bis eine puddingartige Masse entsteht, und rühre kräftig um.

SCHRITT 3
Lass die Masse kurz abkühlen und fülle sie in kleine Tontöpfe ab.

SCHRITT 4
Stecke einen Ast in die Masse, um Vögeln später eine Anflugmöglichkeit zu geben.

SCHRITT 5
Hänge die Tontöpfe mithilfe einer Schnur auf.

>> **Bild oben links:** *Haferflocken einrühren*
>> **Bild oben rechts:** *Masse in den Tontopf füllen*
>> **Bild oben:** *An einer Schnur aufhängen*
>> **Bild rechts:** *Der Stock dient als Anflughilfe*

Wenn an vielen kleinen Orten viele
kleine Menschen viele
kleine Dinge tun, wird sich das Angesicht
unserer Erde verändern.

(Afrikanisches Sprichwort)

Bezugsquellen

BINGENHEIMER SAATGUT

Saatgut für den ökologischen Gartenbau

www.bingenheimersaatgut.de

ERNA PRIMULA

Nachhaltiges Saatgut für Slowflowers

www.erna-primula.de

MY HARRY

Balkenlager aus recycelten Materialien

www.my-harry.de

NABU NATURSCHUTZBUND DEUTSCHLAND E.V.

Informationen zu allen wichtigen Natur- und Umweltthemen

www.nabu.de

MAGIC GARDEN SEEDS

Saatgut-Raritäten und Samen von besonderen und fast vergessenen Kultur- und Nutzpflanzen

www.magicgardenseeds.de

Register

Über die Autoren

Patrick Endres und Julia Lassner betreiben einen der erfolgreichsten Reiseblogs Deutschlands. Auf **globusliebe.com** und ihrem Instagram Kanal @globusliebe geht es um verantwortungsvolles Reisen, Nachhaltigkeit und einen bewussten Lebensstil. Die beiden leben in der Eifel. Ihr Lieblingsort ist die eigene Dachterrasse, die sie mit viel Liebe zum Detail in ein kleines, grünes Paradies verwandelt haben. Hier bauen sie über 40 verschiedene Kräuter und Gemüsesorten an, finden Erfüllung darin, sich mit den Kreisläufen der Natur zu beschäftigen und kommen damit dem großen Traum vom Selbstversorgerleben ein Stück näher.

Mit ihrem Buch möchten sie andere Menschen dazu inspirieren, die eigene Dachterrasse oder den Balkon in ein gemütliches Outdoor-Wohnzimmer zu verwandeln, gesunde Lebensmittel auf kleinem Raum anzubauen und dadurch sogar den eigenen ökologischen Fußabdruck zu verringern.

Weitere Bücher

Alles auf Grün
Das Handbuch für nachhaltiges Gärtnern und klimafreundliche Gartengestaltung

18,00 € (D) / 18,50 € (A)
ISBN 978-3-74**59-0296**-9

Ernte gut, alles gut!
Gemüsegärtnern im Hochbeet, Frühbeet und Gewächshaus

18,00 € (D) / 18,50 € (A)
ISBN 978-3-74**59-0277**-8

Hochbeet, Teich, Palettentisch
Projekte zum Selbermachen für Garten & Balkon

14,99 € (D) / 15,50 € (A)
ISBN 978-3-863**55-714**-0

Mein Biobalkon
Gemüse, Kräuter, Obst: Ernte-glück auf kleinstem Raum

15,00 € (D) / 15,50 € (A)
ISBN 978-3-74**59-0874**-9

Impressum

Bibliografische Information der Deutschen Bibliothek.

Die Deutsche Bibliothek verzeichnet diese Publikation in der Deutschen Nationalbibliografie.
Detaillierte bibliografische Daten sind im Internet über http://www.dnb.de/ abrufbar.

EIN BUCH DER EDITION MICHAEL FISCHER
1. Auflage 2022

Covergestaltung: Michaela Zander
Projektmanagement: Anne Schäfer-Hörr
Lektorat: Karin Heimberger-Preisler
Layout und Satz: Michaela Zander
Fotografien: Julia Lassner, Patrick Endres
Illustrationen © Shutterstock:
lena_nikolaeva: Eichenblätter, Schafgarbe (Kapitelaufmacher), gefiedertes Blatt, Zwiebel (Rezepte);
Ksenia Lokko: Schere (DIY-Projekte); Kosmofish: Blatt (Buchrücken, Vorsatz/Nachsatz);
ArtKio: Papierstruktur (Cover, Kapitelaufmacher, DIY-Projekte, Unsere Tipps, Kräuterporträts- und Rezepte)

ISBN 978-3-7459-0605-9

Gedruckt bei PNB Print SIA „Jansili", Silakrogs, Ropazu novads, LV-2133, Lettland

www.emf-verlag.de

MIX
Papier aus verantwortungsvollen Quellen
FSC® C145070